国学概论选粹

国学研究法

民国十九年（1930）
上海民智书局排印本

杜泽逊　主编

青岛出版集团
青岛出版社

《国学概论选粹》序言

◎杜泽逊

所谓“国学”，即一国之传统学问。中国之所以为中国，在于中国有本国之独特学问。其学问博大精深，主流为经、史、子、集四部，旁支则释、道二家之学，其根基则中国语言文字之学。总结中国固有之学问，模式甚多，清代乾隆修《四库全书总目》二百卷，张之洞誉为“良师”，至今奉为门径。近世有概论之学，分章分节，构建体系，于是有“国学概论”之作，其书甚多，尤以二十世纪二三十年代为盛。其专门机构则清华大学国学研究院、北京大学研究所国学门、无锡国学专修学校、章太炎苏州国学讲习会，皆其显耀者。二十世纪八十年代，国家改革开放，引进西方科学技术、文化教育、生活习俗，倾心者甚至主张全盘西化，而我国固有之学问激发而起，迎来“国学热”。揆文化发展之理，凡一国开放之世，则本国固有之学问必强势而兴，内外交汇激荡，而文化得以进步，故西学、国学皆新文化建设之基础，不可偏废。然则，学习国学实非守旧，乃开新之津要，民族自信之源泉也。青岛出版社吴清波学长有感于斯，邀余择取国学概论之精且易读者重印以飨同好，因约李君振聚讨论而甄选之，本辑计六种：洪北平《国学研究法》、王易《国学概论》、马瀛《国学概论》、陶庸生《国学概要》、曹聚仁《国故学大纲》、甘鹏云《经学源流考》，先行付印，李君略作解题，以为导读。佳者尚夥，宜次第刊传之。

2022 年 5 月 16 日

于山东大学文学院

《国学研究法》

洪北平　编

民国十九年（1930）
上海民智书局排印本

洪北平，本名为藩，字北平，号白苹。江苏仪征人，世居扬州。生于清光绪十九年（1893），卒于一九五三年。民国三年（1914）由柳亚子、朱少屏、吴相融介绍入南社，《南社诗集》录其诗，《南社词集》录其词。民国四年入南京高等师范国文专科。毕业后，曾任教于江苏省立第一中学、扬州中学、天津南开大学、上海圣约翰大学附中、光华大学附中，复旦大学等院校。著有《文学概论》（与李幼泉合编，民国十九年上海民智书局出版）、《白话文范》第一册（民国九年商务印书馆出版，附有《白话文范参考书》）等书，曾与赵景深合译小说集《蓝花》（民国十七年新宇宙书店出版）。

《国学研究法》分为国学方法论、经学通论、子学通论、史学通论四卷，乃洪氏教学之余，剪裁成文。第一卷《国学方法论》一章，录郑奠《国学研究法总论》，胡适《清代学者的治学方法》两篇。第二卷《经学通论》一章，录王舟瑶《论读经法》，龚自珍《六经正名》，章学诚《经解》，陆德明《经典释文叙录》，胡培翚《诂经文钞序》，陆懋德《中国经书之分析》六篇。第三卷《子学通论》一章，录司马谈《论六家要旨》，班固《论九流十家》，江瑔《论子部之沿革兴废》，姚鹓雏《宋明学说与佛学之真诠》，柳翼谋《论近人讲诸子之学者之失》五篇。第四卷《史学通论》一章，录刘知几《六家》《二体》，章学诚《史注》，柳翼谋《正史之史料》四篇。每篇之后，皆有详细注释，乃作者平时教学所据之本，选择编次，皆有规矩，循序渐进，可以由近及远，而得国学系统之学识。

前有“编辑大意”五条，述编选的旨意云：

一，本书供高中教学及大学参考之用。

一，本书所采均系古今名家之作。每篇均加详细注释及参考，以便教学。

一，书中所采，虽系成文；而选择编次，颇费经营，务期读者得有系统之学识。

一，各篇注释参考，系编者平时教学所得，总求以详确为归。

一，国学范围綦广，编者谫陋，安敢自信？本书取材参考，如有未妥，尚乞明达教之。

洪北平《国学研究法》选录的文章所加注释，多有精义，如释刘知几《二体》篇中“阑单”一语甚确，不止引唐代卢照邻文章的用例，又引方俗之言以为佐证，云：“阑单未详，大抵是当日方言，涣散不振摄之意。卢照邻《疾文》（编者按：应作《释疾文》）云：‘草木扶疏兮若此（编者按：《全唐文》《卢升文集》中为“如此”，为尊重原文，此处不作修改。），予独兰驒兮不自胜。’疑即此二字之别写也。《集韵》：‘驒，他千切。’按今俗亦有阑阑滩滩之语。”

《国学研究法》选文分经学通论、子学通论、史学通论三科，以国学方法论引首，而集部之学不与，与王易《国学概论》分作经学、小学、哲学、史学四科者同一旨趣，可以看当日对“国学”这一学科畛域的理解。

洪北平编

國學研究法

上海民智書局發行

·国学研究法·

上海民智书局

一九三〇年版

·国学研究法·

上海民智书局
一九三〇年版

國學研究

編輯大意

一、本書供高中教學及大學參攷之用。

一、本書所採均係古今名家之作。每篇均加詳細註釋及參考，以便教學。

一、書中所採，雖係成文；而選擇編次，頗費經營，務期讀者得有系統之學識。

一、各篇註釋參考，係編者平時教學所得，總求以詳確爲歸。

一、國學範圍綦廣；編者譾陋，安敢自信？本書取材參考，如有未妥，尚乞明達教之。

·国学研究法·
上海民智书局
一九三〇年版

國學研究

國學研究目錄

第一卷　國學方法論

第二卷　經學通論

·国学研究法·
上海民智书局
一九三〇年版

第三卷 子學通論

第四卷 史學通論

目錄

·国学研究法·

上海民智书局
一九三〇年版

國學研究

儀徵洪北平編

第一卷　國學方法論

國學研究法總論（唯是雜誌）

鄭奠

學之界義　學之詁義無過二說：一訓覺悟，（說文斅覺悟也學篆文斅省廣雅學覺也又識也又效也）一訓效法。（尚書大傳學效也）不知則問，不能則學。（韓詩外傳春秋繁露）學問之功，效而後見。此一說也。學非能益，全天所生，（呂氏春秋）自覺自悟，無待於外。此又一說也。兩說相反，而其義相成。民生初迷，非則效無以啟其知。事物浩漫，無先知亦難理其緒。成學之初，受之於人，及其自覺，而在己者明。持此研尋，始沛然矣。相待而長，爲學日益。若己本無先天之知，何能效法他人

·国学研究法·
上海民智书局
一九三〇年版

之教。且輾轉相效，其最先者何所取資。首出天聖，理絕思惟。至謂知本素具，久自覺悟。廢古棄人以待一旦之遇，則才慧腐於心胸，終身蒙昧矣。吾人既知學之起原，貴於人己互資。故今欲修習，自當始因前籍而取乎拘守，終焉獨造而不足以傲古。變而通之，理勢然也。

國學之封域　學術以天下爲公，初無國界可守。此言取善之資則然耳。學不徒生，必有所因。民族殊則思想亦異。地域隔則政制不同。更歷年累世，相傳相承。自各有所長，豈一朝一夕之故哉。我國文化昌明之早，初冠萬邦。五千餘年，巍然獨存。西學東來，出與相衡，誠多謝短者。而趨新博異之士，乃欲盡棄所固有，以爲與世相違，理宜屏之。守舊者怒目奮臂，起而與之爭。然察所執持，或拘拘文墨之間，以爲道在於是。有以知其必敗也。愚謂國學之範至廣，凡域內固有之學，無間於心與物，皆隸焉。卽至方技藝術，有理可究，有法可守，有益於民者，亦得被此稱。固非詞章之士所能專也。至於遠西學術，足以參鏡。苟善用之，自今而後，國學昌明，必過於前。吾人誠有志於此，謂宜各擇性之所近，力之所能及者，始以整理，繼以發揮，共贊斯舉，務令國學之封域無不擴，眞際無不明。而後是非短長大顯於天下，虛言相競，甚無謂也。

國學之類別　國學之封域所包至廣，宜析類別，取便觀省。往昔部次可考者，漢七略爲始。[1] 凡六藝，諸子，詩賦，兵書，術數，方技六部。晉荀勗因中經箸新簿分爲四部。而兵書，術數，遂入于諸子，史籍離六藝而別立爲部。[2] 阮孝緒作七錄，以兵歸子，而技術復在其外。[3] 及隋經籍志始以兵，醫天文，歷數，五行，盡歸子部。[4] 於是經，史，子，集之名大定，後世仍用焉。茲非以商榷前人部署爲主，短長得失，且置不論。今所欲述者有二事焉。一則經子之名，慮難確守，爲腹爲目，旨趣各殊。二則探索前籍，當暫仍舊緒，以省淩亂之煩。若研尋之法既異，則所得者自與曩昔殊致。整理有成，

·国学研究法·
上海民智书局
一九三〇年版

卽更爲部署亦無不可者。要之，分類析觀，以便探討，與家法流別之部次有殊。並行不悖，義相成焉。

修國學之宗旨　人生胡爲而修學乎？人生修學意何所在乎？昔吾先正釋此問者，言人人殊。要其大歸，窮理以致用，成己而成人。荀子之美其身，朱子之誠其身，所以成己也。其道非一，或達天性，（法言云修性白虎通云治性程子云養性）或益才慧，（說苑云益才又云廣明德慧）窮理（程子）知道（學記）以致於聖，（說苑）斯爲學鵠。學記之化民，程子之致用，行道以利世，（顏氏家訓）所以成人也，要自成己始。夫人孰不愛其身，亦孰不思有以利人？然其治學，能持此義而赴之者蓋鮮。外鶩觀聽之美，隨風波蕩，所志盡乎矜世。其有篤意於學者，終日孳孳，苦不得祈嚮，或騖於博覽，而不思博之何所取，或勤於文詞，而不知文之何所用。修學而不自知所以修之之宗旨爲何，殆已。已而爲知者，殆而已矣。吾思之吾重思之，人生而求學，學固

第一卷 国学方法论

国学研究法总论

所以益人。則無益於人生者絕之無憂。書雖學之所寄，學固不盡於書，則誦讀所以求學之資，而非可卽爲學也。或曰，今新學爭雄於域中，國人方以不類遠西爲恥，廢閣舊籍，鬻爲敗紙，時適然耳。汝竭區區之知，欲講以所聞，爲治國學者津逮，亦有說乎？余答之曰：學唯其是，無間中外。人各有心。盡其所能。方今國日衰頹，見陵東人。莘莘學子，奔走呼號。靜言思之，國爲吾國，是則先哲之所留遺，何忍使之湮沒。昔人研精累世，吾儕生其後而不能爲之發揮光大，爲過已宏。安有盡棄所有以從人者？況於國學不肯致力，妄自菲薄，輒謝曰無有，其誰之過歟！至以學術大同爲言，則趨詣眞理，唯是之從。我國國學與異邦相較，誠有謝短者。然所自得，豈少也哉？是故誠欲愛國，宜知國學英華之所存。誠愛眞理，亦宜知本國學術之精義。發懷舊之蓄念，以增國人愛國之心，闡明國學之精英，以與世人相見而共趨於眞理，必將有事乎此矣。

·国学研究法·
上海民智书局
一九三〇年版

研究之方針　修習之宗旨既定，於是進述研究之方針。紬繹昔人之所講貫者，較其得失，略立條例，備商榷焉：

爲己與爲人　古之學者爲己，今之學者爲人。君子之學也，以美其身。小人之學也，以爲禽犢。（荀子勸學）古之學者爲人，行道以利世也。今之學者爲己，修身以求進也。（顏氏家訓勉學）是故立志正，則德業雙修，人己兩利。立志不正，則爲己所以圖利，爲人亦以殉名，名之既得，轉謀利焉。夫學有先後，在己者未備，更何以覺人？人人難孤立，利羣卽所以自利。若孜孜終身，初無利人之念，則著述可以不作，作亦不行，行且卽廢。至於存心利濟，期以爲人，而無爲己之念，與於腦中，不問世無此人，卽有之矣，事固不能。何者？既自外其身，以專心力於爲人矣，則所以進其德而擴其知者，將不暇及。德之不修，知之不擴，所以爲人者又安在乎？足以成人，則既成己矣。己之不成，人復何賴焉？斯理之易明者也。要之爲己以德業言，

第一卷　国学方法论
国学研究法总论

爲人以利濟言，務外求名，非以爲人，充欲汨性非以爲己也。吾人求學所以自成其身者，不可不勉而利世益人之學又宜並習而毋廢期於人我之養，畢足而止。

求是與致用　「學者將以實事求是有用與否固不暇計。」（章太炎先生與王鶴鳴書見文錄）此章先生有爲之言，以斥以學爲禽犢者。及其爲國粹學報祝辭，則云「學以求是，不以致用；用以親民，不以干祿。」（亦見太炎文錄）誼更明顯。亦謂專言求是，未足以概學術之全矣。夫以學爲利祿之塗，則學之止於皮傅，無取研精窮其根本。故非卓傑命世之士，不克以學名家。此其實事求是之誠，固非瑣瑣者所可比擬於萬一。雖然致用之說，今已創其涵義，專指進仕爲言。實則世固無無用之學，學而無用。理歸沙汰。人生治學，初以求用。無用之學，人所不甘，更質言之，既以求是爲幟，是之所在，宜用之所出。其有似無所用者，爲用隱耳，非無用也。至於「有所自得古先正之所覬，擧聖賢所以發憤忘食，員

·国学研究法·
上海民智书局
一九三〇年版

輿之上，諸老先生所不能理，往釋其惑，若端拜而議。」（章先生原學）是則人生之大用存矣。人既求學，當自知其學之用，固已。至於求是，則疑義滋紛。蓋是之與非，相對爲言，所以定之之準，當別有在。我以爲是，人或以爲非，自所觀之者異也。此之定界，或云實者爲是，虛者爲非，義有未諦。不實爲非，可以斷言。虛之與實，互有是非。或云有用者是，無用者非，斯其說似矣，而有未盡也。蓋有用無用，未易質言。或在昔利用之道，至今已爲芻狗，然不得輒謂爲非，且用有顯晦，效有遠近，專以己見一概相量，慮未當焉。總之攷證前籍，貴於有所依據，推尋義理，反之於心而安，推之於人而同，雖未中哉，庶幾近之。

心與物　形上者道，形下者器。國學所重，趨於言道。貴心賤物，統主斯恉。程朱格物，陸王致知，雖所持似相反，而貴道則一也。程朱格物之法，固有所見，然亦未能力行。虛索其理，未暇及物也。唯醫藥兵農天文輿地諸學，均藉實驗以成，則國學中亦未嘗盡廢物理。且進言之，物彙事言，格非一端，修齊治平之道，寧能任憑臆見，徒託空言。仰觀俯察，遠取近思，而後得之者，蓋有方矣。故處今治學，宜取資遠西，以自輔，事實昭着，無俟贅言。卽研修國故，亦當知在心在物，不可偏廢。往者囿於經籍，實藝之學，以爲末技。高談性理，諷論治道者上選。知效一藝，業窮一術，乃屛而不得於學術之列。此亦重文積習，可爲歎惜者也。學者有志，正宜理其墜緒，以昌明絕學，嫥固之見，所宜取也。

博與約　博學無方，（內則注曰在志所好）以反說約。（孟子）多聞則守之以約，多見則守之以卓。寡聞則無約，寡見則無卓。（揚子法言）凡學精研則難，涉獵則易，先涉獵而後能精研。（清朱一新說）此言學貴博而能約也。讀書先務精而不務博，有餘力乃能從橫。（宋黃庭堅說）先有約者以爲之根，再泛濫諸家，廣收博采。（清李光地說）此言學當先約而後能博也。然學固未有不博而能約

·国学研究法·
上海民智书局
一九三〇年版

者，以言陋儒荒俚學一先生之言以自封域，不得謂專家也。亦未有不約而能博者，以言俗儒記誦漫漶至於無極，妄求遍物而不知堯舜之知所不能也。（清章學誠文史通義）間嘗考其得失，互有短長。學博則閎通，又能就性所近以致力，此其益也。然人生智慧精力皆有限度。所涉者廣，則所得必淺。或失之雜而寡要，或失之泛而不精，若能知其要領而約守焉，用力既專，進境必深，較之廣騖漫涉者，所得爲宏。然知要挈領，亦非易易。淺陋自封，嫥固不化，斯又多識之士所笑也。要之博與約相因互資，未宜偏廢。始也儲國學之常識，資力於博；繼也專精一藝，歸心於約，終也就所專力之學，取精又宜宏富。一事既究，次及他端，窮年累月，至於終身。造端雖微，而所詣博大矣。惟吾人受學之初，心無所主；往往見異思遷，淺嘗輒止，泛濫無所歸宿。是以救弊補偏，宜知簡約之術。茲更徵引陳說以明之。朱子論讀書之法，謂：「始初一書費十分工夫，後一書費八九分，後則費六七分，又後則費四五分矣。此即所謂勢如破竹，數節之後，迎刃而解。」(問學錄引語類)此一例也。「學問須將大頭腦處通透方得，譬如和尙家先記得六根十八戒要緊的幾個公案。」(李光地榕村語錄)此又一例也。「後代書更多讀不盡，事更多亦知不盡，莫若就我所能爲所能知者求個着實。」(榕村語錄)此又一例也。「學問之道有本有末，有專營有兼及，有所棄乃有所取。」(朱一新無邪堂答問)此亦一例也。

名與實　程伊川云：「學者須是務實，不要近名。」朱紫陽云，「君子之學以誠其身，非直爲觀聽之美而已。」夫君子孜孜，終日爲善。小人孜孜，終日爲不善。孜孜一也，善惡殊塗。學者之於名實，亦猶是耳。務實者，學以成其身，修省自勉，凡有研尋，求是闡眞，獨得諸心，不見知而无悶。務名者期以博聲譽希捷獲，不得不躐等目求，而不自虞其顚蹶也。事外暴不得不矜奇示博，而終身之所致力，盡

·国学研究法·
上海民智书局
一九三〇年版

於剽竊。「開老子（疑爲易字之誤）卷頭五尺許，未知輔嗣何所道，平叔何所說，馬鄭何所異，指例何所明，而便盛於麈尾，自呼談士。」（齊王僧虔戒子書）「書字未識偏旁，高談稷契。讀書未知句度，下視服鄭。」（唐皇甫湜與人書）「未能執筆，已斥顏柳，不知晉人筆法。未能遣辭，已呼子瞻爲阿軾，欲毀棄其文。於孔孟書未嘗詳讀，旬日已指程朱說經之誤，紛然辯駁。」（明方希眞與人札子）「於六經誦未上口，而傳注之異同則言之甚悉。於諸史閱不終卷，而史才之高下則論之頗詳。」（妄其姓名）學者通弊，歷代如斯，吾人所宜自鏡也。

雅與俗　俗者，謂土地所生習，（地官大司徒注）婚姻喪紀舊所行也。（天官大宰注）非猥鄙之謂。孫卿次儒，有雅俗之分，所謂「俗儒者繆學雜舉其行僞同於世俗以求衣食，傫焉若終身之虜，雅儒者言行有大法，內不自誣，外不欺人。」（約儒效篇文）是則已易俗之涵義而謂奄然媚於世者之爲俗矣。雖然，雅俗之界，殊難質言。試略論之。學無所主，從俗進退，雜覽以待問。欺世而盜名者，俗學也。拘守一隅，不識學術之全，以所知爲秘妙者，亦俗學也。其有以求是闡眞爲的，以進其德，以修其業，以自利利人者，取術既正，固無俟乎旌以雅名也。

凡右所陳，既已辨其疑而正其惑矣。茲當更綜前說，立爲數例如左。

一，務實求是，利用厚生，以爲學鵠。
二，解去一切拘攣，無復中外古今之見，唯理之是從。
三，以自修自悟自證自得爲歸。
四，條理舊緒，使秩然有統。
五，剪除雜說，標舉大義。
六，補苴罅漏，張皇幽渺。
七，研精覃思，鈎發沈伏。

·国学研究法·
上海民智书局
一九三〇年版

八，應用科學之法，以爲方術。

1. 漢書藝文志「成帝時，以書頗散亡，使謁者陳農求遺書於天下。詔光祿大夫劉向校經傳諸子詩賦，步兵校尉任宏校兵書，太史令尹咸校術數，侍醫李柱國校方技。每一書已，向輒條其篇目，撮其指意，錄而奏之。會向卒，哀帝復使向子奉車都尉歆卒父業。歆於是總羣書而奏其七略。故有輯略，有六藝略，有諸子略，有詩賦略，有兵書略，有術數略，有方技略。

2. 魏秘書郎鄭默始制中經。晉秘書監荀勗又因中經更著新簿，分爲四部，總括羣書：一曰甲部，紀六藝小學等書。二曰乙部，有古諸子家近世子家兵書兵家術數。三曰丙部，有史記舊事皇覽部雜事。四曰丁部，有詩賦圖讚汲冢書。

3. 梁處士阮孝緒博採宋齊以來書記，參校官簿，撰爲七錄：一曰經典錄，紀六藝。二曰記傳錄，紀史傳。三曰子兵錄，紀子書兵書。四曰文集錄，紀詩賦。五曰技數錄，紀術數。六曰佛錄。七曰道錄。

4. 長孫無忌隋書經籍志子部分爲十四：一儒，二道，三法，四名，五墨，六從橫，七雜，八農，九小說，十兵，十一天文，十二曆數，十三五行，十四醫方。

清代學者的治學方法(胡適文存)

胡適

一

研究歐洲學術史的人，知道科學方法，不是專講方法論的哲學家所發明的；是實驗室裏的科學家所發明的；不是亞里士多德(Aristotle)、倍根(Bacon)[1]彌兒(Mill)[2]一般人提倡出來的，是格利賴(Galileo)[3]牛敦(Newton)[4]勃里斯來(Priestley)[5]一般人實地試行出來的。卽如世人所推爲歸納論理的始祖的倍根，他不過曾提倡知識的實用和事實的重要；故略帶着科學的精神。其實他所主張的方法，實行起來，全不能適用；決不能當「科學方法」的尊號。後來科學大發達，科學的方法已經成了一切實驗室的公用品；故彌兒能把那時科學家所用的方法，編理出來，稱爲歸納法的五種細則。但是彌兒的區分依科學

·国学研究法·
上海民智书局
一九三〇年版

家的眼光看求，仍舊不是科學用來發明眞理解釋自然的方法的全部。彌兒和倍根都把演繹法看得太輕了；以爲只有歸納法是科學方法。近來的科學家和哲學家漸漸的懂得假設和證驗，都是科學方法所不可少的主要分子；漸漸的明白科學方法不單是歸納法，是演繹和歸納相互爲用的；忽而歸納，忽而演繹，忽而又歸納，時而由個體事物到全稱的通則，時而由全稱的假設到個體的事實，都是不可少的。我們試看古今來多少科學的大發明，便可明白這個道理。更淺一點，我們走進化學實驗室裏去做完一小盒材料的定性分析，也就可以明白科學的方法，不單是歸納一項了。

歐洲科學發達了二三百年，直到於今，方才有比較的圓滿的科學方法論。這都是因爲高談方法的哲學家和發明方法的科學家向來不很接近，所以高談方法的人，至多不能得到一點科學的精神和科學的趨勢；所以創造科學方法，和實用科學方法的人，也只顧他自己研究試驗的應用，不能用哲學綜合的眼光，把科學方法的各方面詳細表示出來，使人了解；哲學家沒有科學的經驗，決不能講圓滿的科學方法論。科學家沒有哲學的興趣，也決不能講圓滿的科學方法論。

不但歐洲學術史可以證明我這兩句話。中國的學術史，也可以引來作證。

二

當印度系的哲學盛行之後，中國系的哲學復興之初，第一個重要問題，就是方法論。就是一種邏輯。那個時候，程子到朱子的時候，禪宗盛行；一個『禪』字幾乎可以代表佛學。佛學中最講究邏輯的幾個宗派，如三論宗[6]和法相宗[7]都很不容易研究；經不起少許政府的摧殘，就很衰微了，只有那「明心見性不立文字」的禪宗，仍舊風行一世。但是禪宗的方法，完全是主觀的頓悟，決不是多數人「自悟悟他」的方法。宋儒最初有幾個人，曾採用道士派關起門來虛造宇宙論的方法，如周濂溪[8]邵康節[9]一班人。但是他們只造出幾種道士氣的宇宙觀，並不曾留下什麼方法論。直到後來宋儒把禮記裏面一篇一千七百五十個字的大學提出來，方才算是尋得了中國近世哲學的方法論。自此以後，直到明代和清代，這篇一千七百五十個字的小書，仍舊是各家哲學爭論的焦點。程朱陸王之爭，[10]不用說了。直到二十多年前，康有爲的長興學記裏，還爭論「格物」兩個字究竟怎樣解說呢！

大學的方法論，最重要的是「致知在格物」五個字。程子朱子一派的解說是：

所謂「致知在格物」者，言欲致吾之知，在卽物而窮其理也。蓋人心之靈，莫不有知；而天下之物，莫不有理。惟於理有未窮，故其知有未盡也。是以大學始教，必使學者卽凡天下之物，莫不因其已知之理而益窮之，以求至乎其極。至於

·国学研究法·
上海民智书局
一九三〇年版

用力之久，而一旦豁然貫通焉，則衆物之表裏精粗無不到，而吾心之全體大用無不明矣。（朱子補大學第五章。）

這一種「格物」說，便是程朱一派的方法論。這裏面有幾點很可注意：（1）他們把「格」字作「至」字解。朱子用的「卽」字也是「到」的意思。「卽物而窮其理，」是自己去到事物上，尋出物的道理來。這便是歸納的精神。（2）『卽凡天下之物，莫不因其已知之理而益窮之以求至乎其極，』這是很偉大的希望科學的目的，也不過如此。小程子也說：『語其大，至天地之高厚；語其小，至一物之所以然；學者皆當理會。』倘宋代的學者眞能抱着這個目的做去，也許做出一些科學的成績。

但是這種方法何以沒有科學的成績呢？這也有種種原因：（1）科學的工具器械不夠用。（2）沒有科學應用的需要。科學雖不專爲實用，但實用是科學發展

·国学研究法·
上海民智书局
一九三〇年版

的一個絕大原因。小程子臨死時說：『道著用，便不是！』像這種絕對非功用說，如何能使科學有發達的動機！(3)他們既不講實用，又不能有純粹的愛眞理的態度。他們口說「致知」但他們所希望的，並不是這個物的理和那個物的理，乃是一種最後的絕對眞理。小程子說：『今日格一件，明日格一件，積習既多，然後脫然有貫通處。』又說：『自一身之中至萬物之理，但理會得多，自然豁然有覺悟處。』朱子上文說的『至於用力之久而一旦豁然貫通焉，則衆物之表裏精粗無不到，而吾心之全體大用無不明矣。』這都可證宋儒雖然說：『今日格一事，明日格一事』但他們的目的，並不在今日明日格的這一事；他們所希望的，是那『一旦豁然貫通』的絕對的智慧。這是科學的反面。而科學所求的知識，正是這物那物的道理；並不妄想那最後的無上智慧。丟了具體的物理，去求那『一旦豁然貫通』的大澈大悟，決沒有科學！

再論這方法本身，也有一個大缺點。科學方法的兩個重要部分：一是假設。一是實驗。沒有假設，便用不着實驗。宋儒講格物，全不注重假設。如小程子說：『致知在格物。物來則知起。物各付物，不役其知，則意誠不動。』天下那有「不役其知」的格物？這是受了樂記和淮南子所說：『人生而靜，天之性也。感於物而動，性之欲也。』那種知識論的毒。「不役其知」的格物，是完全被動的觀察；沒有假設的解釋，也不用實驗的證明。這種格物，如何能有科學的發明？

但是我們平心而論：宋儒的格物說，究竟可算得是含有一點歸納法的精神，『卽凡天下之物，莫不因其已知之理而益窮之』這一句話裏，的確含有科學的基礎。朱子一生有時頗能做一點實地的觀察。我且舉朱子語錄裏的兩個例：

(1)今登高山而望，羣山皆爲波浪之狀；便是水泛如此。只不知因甚麽事凝了？

·国学研究法·
上海民智书局
一九三〇年版

(2)嘗見高山有螺蚌殼？或生石中。此石卽舊日之土，螺蚌卽水中之物。下者卻變而爲高，柔者卻變而爲剛。此事思之至深，有可驗者。

這兩條都可見朱子頗能實行格物。他這種觀察，斷案雖不正確，已很可使人佩服西洋的地質學者觀察同類的現狀，加上膽大的假設，作爲有系統的研究，便成了歷史的地質學。

三

起初小程子把「格物」的物字，解作：「語其大，至天地之高厚；語其小，至一物之所以然；」又解作：『自一身之中，至萬物之理。』像這個「物」的範圍，檢直是科學的範圍。但是當科學器械不完備的時候，這樣的科學野心，不但做不到，檢直是妄想！所以小程子自己先把「物」的範圍縮小了。他說：『窮理亦多端：或讀書講明義理。或論古今人物，別其是非。或應接事物，處其當然。皆窮理也。』這是把「物」

字縮到「窮經，應事，尙論古人」三項。後來朱子便依着小程子所定的範圍。朱子是一個讀書極博的人。他的一生精力大半都用在「讀書窮理」「讀書求義」上。他曾費了大工夫，把四子書四經（易詩書春秋）自漢至唐的註疏細細整理一番，删去那些太繁的和那些太講不通的；又加上許多自己的見解，做成了幾部簡明貫串的集注。這幾部書，八百年來在中國發生了莫大的勢力。他在大學中庸兩部書上用力更多。每一部書有章句，又有或問。中庸還有輯略。他教人看大學的法子：『須先讀本文念得；次將章句來解本文；又將或問來參章句；須逐一令記得，反復尋究，待他浹洽，既逐段曉得，將來統看溫尋過，這方始是。』看這一條，可以想見朱子的格物方法，在經學上的應用。

他這種方法，是很繁瑣的，而在那禪學盛行的時代，這種方法自然很受一些人的攻擊。陸子批評他道：『易簡工夫終久大，支離事業竟浮沈。』——「支離事業，

·国学研究法·
上海民智书局
一九三〇年版

」就是朱子一派的「傳注」工夫。陸子自己說：『學苟知本，六經皆我註腳。』又說：『六經註我，我註六經。』他所說的「本」就是自己的心。他說：『宇宙即是吾心，吾心即是宇宙。』他又說：『萬物皆備於我；只要明理。然理不解自明，須是隆師親友。』

朱子說：『人心之靈，莫不有知；而天下之物，莫不有理。』這是說「理」在物中，不在心內；故必須去尋求研究。陸子說：『此心此理，實不容有二。』心就是理；理本在心中，故說：『理不解自明。』這種學說和程朱一系所說「即物而窮其理」的方法，根本上立於反對的地位。

後來明代王陽明也攻擊朱子的格物方法。王陽明說：

衆人只說格物要依晦翁，何曾把他的說去用！我着實曾用來。初年與錢友同論做聖賢要格天下之物；因指亭前竹子令去格看。錢子早夜去窮格竹子的道理，竭其心思，至於三日，便致勞神成疾。我當初說他是精力不足；因自去窮格，早夜不得其理；到七日，亦以勞思致疾。遂相與歎聖賢是做不得的！無他大力量去格物了！

王陽明這樣挖苦朱子的方法，雖然太刻薄一點，其實是很切實的批評。朱子一系的人，何嘗眞做過「卽凡天下之物，莫不因其已知之理而益窮之」的工夫？朱子自己說：『夫天下之物，莫不有理；而其精蘊則已具於聖賢之書；故必由是以來之。』從「天下之物」縮小到「聖賢之書」，這一步可算跨得遠了！

王陽明自己主張的方法，大致和陸象山相同。王陽明說：『心外無物。』又說：『物者，事也。凡意之所發，必有其事。意所在之事謂之物。』又說：『如吾心發一念孝親，卽孝親便是物。』他把「格」字當作「正」字解；他說：『格者正也，正其不正以歸於正也。』他把「致知」解作「致吾心之良知」；故要人：『於其良知所知之善

·国学研究法·
上海民智书局
一九三〇年版

者，卽其意之所在之物而實爲之無有乎不盡；於其良知所知之惡者，卽其意之所在之物而實去之無有乎不盡。』這就是格物。

陸王一派，把「物」的範圍限於吾心意念所在的事物，初看去似乎比程朱一派的「物」的範圍縮小得多了。其實並不然。程朱一派高談「卽凡天下之物」，其實祇有「聖賢之書」是他們的「物」。而程王明明承認「格天下之物」是做不到的事，故把範圍收小限定「意所在之事謂之物」。但是陸王都主張「心外無物」的，故「意所在之事」一句話的範圍，可大到無窮；比程朱的「聖賢之書」廣大得多了！還有一層，陸王一派，極力提倡個人良知的自由；故陸子說：『六經爲我註脚。』王子說：『夫學貴得之心。求之於心而非也，雖其言之出於孔子，不敢以爲是。』像這種獨立自由的精神，便是學問革新的動機。

但是獨立的思想精神，也是不能單獨存在的。陸王一派的學說，解放思想的束縛，是很有功的；但他們偏重主觀的見解，不重物觀的研究，所以不能得社會上一般人的信用。我們在三四百年後觀察程朱陸王的爭論，從歷史的線索上看起來，可得這樣一個結論：『程朱的格物論，注重「卽物而窮其理」，是很有歸納的精神的。可惜他們存一種被動的態度，要想「不役其知」以求那豁然貫通的最後一步；那一方面陸王的學說，主張眞理卽在心中，抬高個人的思想，用良知的標準，來解脫「傳注」的束縛。照這種自動的精神，很可以補救程朱一派的被動的格物法。而程朱的歸納手續，經過陸王一派的解放，是中國學術史一大轉機；解放後的思想，重新又採取程朱的歸納精神，重經過一番「樸學」的訓練，於是有清代學者的科學方法出現；這又是中國學術史的一大轉機。』

四

中國舊有的學術，只有清代的『樸學』確有『科學』的精神。而『樸學』一個

·国学研究法·
上海民智书局
一九三〇年版

名詞，包括甚廣；大要可分四部分：

(1)文字學(Philology) 包括字音的變遷，文字的假借通轉等等。

(2)訓詁學。 訓詁學是用科學的方法，物觀的證據，來解釋古書文字的意義。

(3)校勘學。(Textual Criticism) 校勘學是用科學的方法，來校正古書文字的錯誤。

(4)考訂學。(Higher Criticism) 考訂學是考定古書的眞僞，古書的著者，及一切關於著者的問題，的學問。

因爲範圍很廣，故不容易尋一個總包各方面的類名。而「樸學」又稱爲「漢學，」[12] 又稱爲「鄭學。」[13] 這些名詞都不十分滿人意。比較起來，「漢學」兩個字，雖然不妥，但很可以代表那時代的歷史背景。而「漢學」是對於「宋學」

而言的。因爲當時的學者不滿意於宋代以來的性理空談，故抬出漢儒來想壓到宋儒的招牌。因此我們暫時沿用這個字。

「漢學」這個名字很可表示這一派學者的公同趨向。這個公同趨向，就是不滿意於宋代以來的學者用主觀的見解，來做考古學問的方法。這種消極方面的動機，起於經學上所發生的問題；後來方才漸漸的擴充，變成上文所說的四種科學。現在且先看漢學家所攻擊的幾種方法：

(1)隨意改古書的文字。

(2)不懂古音，用後世的音來讀古代的韻文，硬改古音爲「叶音」。

(3)增字解經。例如「致知」爲「致良知」。

(4)望文生義。例如論語：『君子恥其言而過其行。』本有錯誤；故「而」字講不通。宋儒硬解爲：『恥者，不敢盡之意；過者，欲有餘之辭。』却不知道「而」

·国学研究法·
上海民智书局
一九三〇年版

字是「之」字之誤。（皇侃本如此）

這四項，不過是略舉幾個最大的缺點。現在且舉漢學家糾正這種主觀的方法的幾個例：唐明皇讀尙書洪範：『無偏無頗，遵王之義。』覺得下文都協韻；於是下敕改「頗」爲「陂」，使與義字協韻。至顧炎武研究古音，[15] 以爲唐明皇改錯了！因爲古音「義」字本讀爲我，故與頗字協韻。他舉易象傳：『鼎耳革，失其義也。覆公餗，信如何也；』又禮記表記『仁者，右也；道者，左也；仁者人也；道者，義也；』證明義字正讀爲我。故與左字何字頗字協韻。

又易小過上六：『弗遇過之，飛鳥離之。』朱子說當作：『弗過遇之。』至顧炎武引易離九三：『日昃之離，不鼓缶而歌，則大耋之嗟。』證明「離」字古讀如羅；與過字協韻，本來不錯。

「望文生義」的例，如老子：『行於大道，唯施是畏；』王弼與河上公都把「施」

字當作「施爲」解。王念孫證明「施」字當讀爲「迆」，作邪字解。他舉的證據甚多：(1)孟子離婁『施從良人之所之。』趙岐注：『施者，邪施而行。』丁公著音迆。(2)淮南齊俗訓：『去非者非批邪施也。』高誘注：『施，微曲也。』(3)淮南要略：『接徑直施。』高注：『施，邪也，』以上三證，證明施與迆通，說文說：『迆，衺行也。』(4)史記賈生傳：『庚子日施兮，』漢書寫作：『日斜兮。』(5)韓非子的解老篇解老子這一章也說：『所謂大道也者，端道也。所謂貌施也者，邪道也。』以上兩證，證明施字作邪字解。照這種考證法，還不令人心服嗎！

這幾條隨便舉出的例，可以表示漢學家的方法。他們的方法的根本觀念，可以分開來說：

(1)研究古書，並不是不許人有獨立的見解；但是每立一種新見解，必須有物觀的證據。

·国学研究法·
上海民智书局
一九三〇年版

(2)漢學家的「證據」完全是『例證』。例證就是舉例爲證看上文所舉的三件事,便可明白「例證」的意思了。

(3)舉例作證,是歸納的方法。倘舉的例不多,便是類推(Analogy)的證法。舉的例多了,便是正當的歸納法(Induction)了。而類推與歸納,不過是程度的區別。其實他們的性質是根本相同的。

(4)漢學家的歸納手續,不是完全被動的,是很能用「假設」的。這是他們和朱子大不相同之處。他們所以能舉例作證,正因爲他們觀察了一些個體的例之後,腦中先已有了一種假設的通則;然後用這通則所包涵的例,來證同類的例。他們實際上是用個體的例,來證個體的例;精神上實在是把這些個體的例所代表的通則演繹出來。故他們的方法,是歸納和演繹同時並用的科學方法。如上文所舉的第一件事,顧炎武研究了許多例,得了「凡義字古音皆讀爲我」的通則。這是歸納。後來他遇着「無偏無頗，遵王之義」一個例，就用這個通則解釋他；說這個義字古音讀爲我，故能與頗字協韻。這是通則的應用，是演繹法。既是一條通則，應該總括一切「義」字，故必須舉出這條「義讀爲我」的例來證明這條「假設」的確是一條通則。印度因明學的三支，有了「諭體」(大前提)，還要加上一個「諭依」(例)，就是這個道理。

五

我現在且舉幾個最精密的長例，來表示漢學家的科學方法。清代漢學的成績，要算文字學的音韻一部分爲最大。故我先舉錢大昕考定古今音變遷的一條例。[16] 錢氏於古音學有兩大發明：一是「古無輕脣音」，一是「古無舌頭舌上之分」。前一條，我已引在我的中國哲學史大綱裏了。現在且舉他的「古無舌頭舌上之分」一條。舌上的音，如北方人讀知澈澄三組的字，都是舌上音，舌頭音爲端

·国学研究法·
上海民智书局
一九三〇年版

透定三組的字。（西文的PT，兩母的字。）錢氏發明現讀舌上音的字，古音都讀舌頭的音。他舉的例如下：

（1）說文『沖，讀若動，』書『惟予沖人，』釋文：『直忠切。』古讀直如特。沖子，猶童子也。字母家不識古音，讀沖爲蟲；不知古讀蟲亦如同也。詩：『藴隆蟲蟲，』釋文：『直忠反。』徐：『徒冬反。』爾雅作爞爞，郭：『都冬反，』韓詩作烔，音徒冬反是蟲與同音不異。

（2）古音中如得。三倉云：『中，得也。』史記封禪書：『康后與王不相中。』周勃傳：『子勝之尙公主，不相中。』小司馬皆訓爲得。

（3）古音陟如得。周禮：『太卜掌三夢之法……三曰咸陟。』注：『陟之言得也，讀如王德翟人之德。』

（4）古音趙如[扌周]。詩：『其鎛斯趙，』釋文：『徒了反。』周禮考工記注引此作：『其鎛斯擱，』大了反。荀子楊倞注：『趙，讀爲掉。』

（5）古音直如特。詩：『實惟我特，』釋文：『韓詩作直，云相當値也。』檀弓：『行並植於晉國，』注：『植或爲特。』王制：『天子犆礿，』釋文：『犆，音特。』

（6）古音竹如篤。詩：『綠竹猗猗，』釋文：『韓詩作薵，音徒沃反；』與篤音相近，皆舌音也。篤，竹並從竹得聲。論語：『君子篤於親，』汗簡云：『古文作竺。』書：『篤不忘，』釋文：『本又作竺。』釋詁：『竺，厚也。』釋文：『本又作篤。』漢書西域傳云：『無雷國比與捐毒接，』師古曰：『捐毒，卽身毒，天毒也。』張騫傳：『吾賈人轉市之身毒國，』鄧展曰：『毒，因督；』李奇曰：『一名天竺。』後漢書杜篤傳：『摧天督，』注『卽天竺國。』然則竺，篤，毒，督四字同音。

（7）古讀豬如都。禮檀弓：『洿其宮而豬焉；』注：『豬，都也；南方謂都爲豬。』書：『大野既豬，』史記作既都。『滎波既豬，』周禮注引作：『滎播既都。』

·国学研究法·

上海民智书局
一九三〇年版

(8)古讀追如堆。郊：『特牲母追，』釋文：『多雷反。』枚乘七發『踰岸出追，』李善注：『追古堆字。』

(9)古讀倬如菿。詩：『倬彼甫田，』韓詩作菿。

(10)古讀棖如棠。孔子弟子申棖，史記作申棠……因棖有棠音，可悟古讀「長，」丁丈切，與黨音相似。正是音和，非類隔。

(11)古讀池如沱。詩：『滮池北流，』說文引作：『滮沱。』周禮職方氏：『幷州其川虖池，』禮記：『晉人將有事於河，必先有事於惡池，』卽滮沱之異文。

(12)古讀廛如壇。周禮廛人注：『故書廛爲壇。』杜子春讀壇爲廛。『載師以廛里任國中之地，』注：『故書廛或爲壇，司農讀爲廛。』

(13)古讀秩如豑。書『平秩東作』說文引作豑，從豐弟聲……凡從失之字，如跌，迭，瓞，蛈，詄皆讀舌音，則秩亦有迭音，可信也。

(14)姪娣本雙聲字。公羊釋文：『姪，大結反。娣，大計反。』此古音也。廣韻，姪有「徒結」「直一」兩切。

(15)古讀陳如田。說文：『田，陳也。』陳完奔齊，以國爲氏，而史記謂之田氏。是古田陳同聲。

錢氏所舉的例，不止這十五個，我不能全鈔了。看他每舉一例，必先證明那個例，然後從那些證明了的例上，求出那「古無舌頭舌上之分」的大通則。這裏面有幾層的歸納和幾層的演繹。他從詩釋文檀弓注王制釋文各例上尋出「古讀直如特」的一條通則，便是一層歸納。他用同樣的方法，去尋出「古讀竹如篤」「古讀豬如都」等等通則，便是十幾次的歸納。然後把這許多通則貫串綜合起來，求出「古讀舌上音皆爲舌頭音」的大通則；便是一層大歸納。而經過這層大歸納之後，有了這個大通則；再看這個通則，有沒有例外。如字書讀沖爲蟲，他便可應

·国学研究法·
上海民智书局
一九三〇年版

用這條大通則，說蟲字古時也讀如「同」。這是演繹。他怕演繹的證法，還不能使人心服；故又去尋個體的例，如蟲字的「直忠」和「都冬」兩切，證明蟲字古讀如同。這又是歸納了。

這是漢學家研究音韻學的方法。三百年來的音韻學所以能成一種有系統有價值的科學；正因爲那些研究音韻的人。自顧炎武直到章太炎都能用這種科學的方法。都能有這種科學的精神。

六

我再舉一個訓詁學的例。清代講訓詁的方法，到王念孫[17]王引之[18]父子兩人，方才完備。二王以後，俞樾[19]孫詒讓[20]一班人都跳不出他們兩人的範圍。王氏父子所著的經傳釋詞，可算得清代訓詁學家所著的最有統系的書；故我舉的例也是從這部裏來的。古人注書，最講不通的，就是古書裏所用的「虛字」。「虛字」

在文法上作用很大，古人沒有文法學上的名詞，一切統稱「虛字」（語詞語助詞等等）已經是很大的缺點了！不料有一些學者，竟把這些「虛字」當作「實字」用；如「言」字在詩經裏常作「而」字或「乃」字解，都是虛字；被毛公[21]鄭玄等解作代名詞的「我」字。便更講不通了。王氏的經傳釋詞全用歸納的方法，舉出無數的例，分類排比起來看出相同的性質；然後下一個斷案，定他們的文法作用。我要舉的例，是用在句中或句首的「焉」字。

「焉」字用在句尾，是很平常的用法。例如：『殆有甚焉，』『必有事焉，』都作「於此」解；那是很容易的。但是「焉」字又常常用在一句的中間，或一句的起首；他的功用等於「於是，」「乃，」「則，」一類之狀詞，大概是表時間的關係；有時還帶着一點因果的關係。王氏舉的例如下：

（1）禮記月令：『命舟牧覆舟，五覆五反，乃告舟備具於天子；天子焉（於是）始乘舟。

（2）晉語：『盡逐羣公子，乃立奚齊焉（於是）始爲令於國。』

（3）墨子魯問：『公輸子自魯南遊，焉（於是）始爲舟戰之器。』

（4）山海經大荒西經：『夏后開焉（於是）始得歌九招。』

（5）祭法：『壇墠有禱，焉（則）祭之；無禱乃止。』

（6）三年問：『故先王焉（乃）爲之立中制節。』

（7）又『焉使倍之，故再期也。』

（8）大戴禮王言篇：『七教修焉（乃）可以守。三至行，焉（乃）可以征。』

（9）曾子制言篇：『有知焉（乃）謂之友；無知，焉爲之主。』

（10）齊語：『鄉有良人，焉（乃）以爲軍令。』

（11）吳語：『吾道路悠遠，必無有二命，焉（乃）可以濟事。』

·国学研究法·
上海民智书局
一九三〇年版

（12）老子：『信不足焉（於是）有不信。』

（13）管子幼官篇：『勝無非義者，焉（乃）可以爲大勝。』

（14）又揆度篇：『民財足，則君賦斂焉（乃）不窮。』

（15）墨子親士篇：『焉（乃）可以長生保國。』

（16）又兼愛：『必知亂之所自起，焉（乃）能治之。』

（17）又非攻：『湯焉（乃）敢奉率其衆以鄉有夏之境。』

（18）莊子則陽篇：『君爲政，焉（乃）勿鹵莽；治民焉（乃）勿滅裂。』

（19）荀子議兵篇：『若赴水火，入焉（則）焦沒耳！』

（20）又：『凡人之動也，爲賞慶爲之；則見害傷焉（乃）止矣。』

（21）離騷：『馳椒邱，且焉（於是）止息。』

（22）九章：『焉（於是）洋洋而爲客，』『焉（於是）舒情而抽信兮。』

·国学研究法·
上海民智书局
一九三〇年版

(23)九辯：『國有驥而不知乘兮焉（乃）皇皇而更索。』

(24)招魂：『巫陽焉（乃）下招曰。』

(25)遠遊：『焉（乃）逝以排徊。』

(26)僖十五年左傳：『晉於是乎作爰田。晉於是乎作州兵。』晉語作：『焉作轅田，焉作州兵，』則是『焉』與『於是』同義。

(27)荀子禮論篇：『三者偏亡，焉無安人。』而史記禮書用此文，焉作則。老子：『故貴以身爲天下，則可寄天下。』又在淮南道應訓引此則作焉；則是『焉』與『則』同義。

照這種方法，先搜集許多同類的例，比較參看，尋出一個大通則來，完全是歸納的方法。但是以我自己的經驗看起來，這種方法實行的時候，决不能等到把這些同類的例都收集齊了，然後下一個大斷案。而當我們尋得幾條少數同類的例時，我們心裏已起了一種假設的通則。有了這個假設的通則，若再遇着同類的例，便把已有的假設去解釋他們，看他能否把所有同類的例，都解釋的滿意。這就是演繹的方法了。演繹的結果，若能充分滿意，那個假設的通則，便成了一條已證實的定理。照這樣的辦法，由幾個（有時只須一兩個）同類的例，引起一個假設；再求一些同類的例，去證明那個假設是否眞能成立；這是科學家常用的方法。假設的用處，就是能使歸納法實用時，格外經濟，格外省力。凡是科學上能有所發明的人，一定是富於假設的能力的人。宋儒的格物方法所以沒有效果，都因爲宋儒旣想格物，又想『不役其知。』不役其知，就是不用假設；完全用一種被動的態度。那樣的用法，決不能有科學的發明。因爲不能提出假設的人，嚴格說來，竟可說是不能使用歸納方法。爲什麼呢？因爲歸納的方法，並不是教人觀察『凡天下之物；』幷不是教人觀察亂七八糟的個體事物。歸納法的眞義，在於教人「舉例」在於使人於亂七八糟的事物裏面尋出一些「類似的事物。」當他「舉例」時，心裏必已有了一種假設。如錢大昕舉冲中陟直趙竺……等字時，他先已有了一種『類』的觀念，先有了一種假設。不然，他爲什麼不舉別的整千整萬的字呢？又如王氏講『焉』字的例，他若先沒有一點假設爲什麼單排出這些句中和句首的『焉』字呢？漢學家的長處就在他們有假設通則的能力。因爲有假設的能力，又能處處求證據來證實假設的是非，所以漢學家的訓詁學，有科學的價值。道光年間有個方東澍，[22]做了一部漢學商兌極力攻擊漢學家；但他對於高郵王氏的經義述聞，也不能不佩服，不能不說：『實足令鄭朱俛首，自漢唐以來，未有其比！』可見漢學家的方法精密；就是宋學的死黨，也不能不心服了！

七

吾在上文已舉了音韻學和訓詁學的例；我現在再舉清代校勘學作例。古書

·国学研究法·
上海民智书局
一九三〇年版

被後人鈔寫刻印，很難免去錯鈔錯刻的弊病。譬如我做了一篇一百字的文章，寫好之後，我自己校看一遍，沒有錯字。這個原稿可叫做『甲』。我的書記重鈔了一篇，送登北京大學月刊；因爲『甲』是用草字寫的，鈔本誤認了一個字，遂錯鈔了一個字。這篇『乙』稿，拿去排印，商務印書館的排工又排錯了一字。這個印本可叫做『丙』。這三個字本子的「可靠性」有如下的比例：

『甲』本100；『乙』本99；『丙』本 97.02。

這一個本子，只經過三手，已比原本減少 .0298 的可靠性了。何況古代的著作，經過了一兩千年的傳鈔翻印，那能保得住沒有錯誤呢！校勘學的發生，只是要救正這種『日讀誤書』的危險。但是這種校勘的工夫，初看似乎很容易；其實眞不容易！譬如上文說的『丙』本，只得尋着我的『甲』本，細細校對一遍，就可校正了。但是這種容易的校勘，是不常有的。有些古書，並沒有原本可用來校對；所有

·国学研究法·
上海民智书局
一九三〇年版

的古本，無論怎樣古，終究是鈔本。而有時一部書，只有一個傳本，並無第二本。校書的人，既不可隨意亂改古書；又不可穿鑿附會。勉强解說。（說詳本篇第四篇）自不能不用精密的方法，正確的證據，方才能使人心服。清代的校勘學，所以能使人心服，正爲他用的是科學的方法。

校勘學的方法，可分兩層說。第一是根。據。第二是評。判。根據是校勘時用來作比較參考的底本。根據大約有五種：（1）根據最古的舊本子。例如阮元的論語注疏校勘記，引據的本子，是漢石經殘字，唐石經，宋石經，皇侃義疏高麗本，（據陳鱣論語古訓引的）十行本，（宋刻的元明修補的）閩本，（明嘉靖時刻）非監本，（明義曆時刻）毛本，（明崇禎時刻）共計九種古本。（2）根據古書裏引用本書的文句。例如羣書治要太平御覽等書引了許多古書，可以用作參考。又如阮元[23]校勘論語『君子恥其言而過其行』一句，先說：『皇本高麗本而作之行下有也；』這是前一種的根據。阮元又說：『按潛夫論交際篇孔子疾夫言之過其行者，亦作之字。』這是第二種的根據。又如荀子天論『內外無別，男女淫亂，則父子相疑，上下乖離，』這四項是平等的，不當夾一個『則』字。韓詩外傳有這一段，沒有『則』字。羣書治要引的也沒有『則』字。故王念孫根據這兩書說『則字是衍文。』（3）根據本書通行的禮例。最明顯的例，是墨子小取篇，『辟也者，舉也物而以明之也。』第二個『也』字，初看似乎無意思，故畢沅校墨子，便刪了這個字。王念孫後來發見「墨子書通以也爲他」一條通例，故說這個「也」字也是「他」字；「舉他物以明此物謂之譬」。這就明白了。他的兒子王引之又用這條通例來校小取篇：「無也故焉」的「也」字也是「他」字，又「無故也焉」一句也應改正爲『無也故焉，』那「也」字也是「他」字。後來我校小取篇「是猶謂也者同也，吾豈謂也者異也。」兩句也用這條通例來把第一和第三個「

·国学研究法·
上海民智书局
一九三〇年版

也」字，都讀作「他」字。（4）根據古注和古校本。古校本最重要的，莫如陸德明的經典釋文。24古注自漢以來多極了，不能遍舉。我且舉兩個應用的例：易繫辭傳『擬之而後言，議之而後動；』議字實在講不通。釋文曰：『陸姚桓元荀柔之作儀。』而『儀』字作效法解，與擬字並列，便講得通了。繫辭又有：『幾者動之微，吉之先見者也。』我不懂得此處何故單說『吉』，不說『吉凶』？後來我讀孔穎達正義說：『諸本或有凶字者，其定本則無也；』方才知道唐初的人，還見過有『凶』字的本子；可據此校改。後來我讀漢書楚元王傳：『穆生曰易稱知幾其神乎！幾者，動之微，吉凶之先見者也。』此又可證我的前說。（5）根據古韻。我引王念孫讀書雜志一段作例：

淮南子原道訓：『是故無所私而無所公，靡濫振蕩，與天地鴻洞；無所左而無所右，蟠委錯紾，與萬物始終。』按始終，當作終始。（上文云「水流而不止與萬物終始」）公洞爲韻。右始爲韻。（右古讀若「以」說見唐韻正）若作始終，則失其韻矣。

又俶眞訓：『若夫眞人則動溶於至虛而游於滅亡之野，騎蜚廉而從敦圄，馳於外方，（外方據道藏本各本作方外）休乎宇內，燭十日而使風雨，臣電公，役考父妾宓妃，妻織女。』按「宇內」當爲「內宇」。（內宇猶宇內也大林中謂之中林谷中謂之中谷矣）內宇與外方相對爲文，宇與野圄雨父女爲韻。（野古讀若「墅」說見唐韻正）若作「宇內」，則失其韻矣。

說林篇：『無鄉之社，易爲黍肉；無國之稷，易爲求福。』案『黍肉』當作『肉黍。』後人以肉與福韻相協，故改爲「黍肉。」不知福字古讀若偪；不與肉爲韻也。社黍爲韻，（社古讀若墅說文社從示土聲。（甘誓：「不用命戮於社」與祖爲韻郊特牲「而君親誓社」與賦旅伍爲韻左傳閔二年成季將生卜辭「

·国学研究法·
上海民智书局
一九三〇年版

間於兩社」與輔爲韻管子揆度篇「殺其身以釁其社」與鼓父爲韻）稷福爲韻。若作黍肉，則失其韻矣。

以上五項，是校勘學的根據。但是這幾種根據，都有容易致誤的危險：先說古本。我們所有的古本，已不知是經過了多少次口授手寫的鈔本了；其中難保沒有錯誤。近人最崇拜宋版的書，其實宋版也有好壞，未必都可用作根據。次說古書轉引本書的文句，也有兩大危險：第一引書的人，未必字字依照原文，往往隨意增減字句。第二初引或不誤，後來傳鈔翻印，難免沒有錯誤。次說本書的通例，也許著書的人偶然變例。次說古注與古校本。古校本往往有許多種不同的，究竟應該從那一個校本。古注本也有被後人妄改了的。例如老子二十三章，『信不足焉，有不信焉；』這句本當作『信不足焉有不信；』（看上文第六節）故王弼注云：『忠信不足於下，焉有不信也。』（此據永樂大典本）但今本王注改作『忠信不足於下焉，有不信焉』這便不成話了。最後說古韻的根據，有時也容易致誤。我且引一條最可注意的例：

易經剝象傳：『君子得輿，民所載也。小人剝廬，終不可用也。』又豐象傳：『豐其沛，不可大事也。折其右肱，終不可用也。』這兩條的韻，很不容易說明。顧炎武作易音，竟不懂「用」何以能與「載」「事」爲韻？楊賓實說兩「用」字皆「害」字之誤。盧文弨贊成此說，說：『害在十四泰，載在十九代，事在七志，古韻皆得相通。古害字作㝬，故易與「用」字相混。』這一說從表面看去，似乎很圓滿了。後來王念孫駁他道：『凡易言君子小人者，其事皆相反。君子得輿，小人剝廬，亦取相反之義。……非爲小人不能害君子也。右肱爲人之所用；右肱折，則終不可用；……折肱，則害及肱矣；何言終不可害乎？今案「用」讀爲「以」。蒼頡篇：「用，以也。」用與以聲近而義同；故用可讀爲以。猶「集」與「就」聲近

·国学研究法·
上海民智书局
一九三〇年版

而義同，故集可讀爲就；「戎」與「汝」聲近而義同，故戎可讀爲汝也。……剝象傳以災尤載用爲韻；豐象傳以災志事用爲韻；……於古音並屬「之」部。……若「害」字則從丰聲；丰讀若介，於古音屬「祭」部……（在諸經中與害爲韻者）凡發，撥，大，達，敗，晢，逝，外，未，說，牽，邁，衞，烈，目，揭，竭，世，艾，歲等字皆屬「祭」部。徧考羣經楚辭，未有與「之」部之災，尤，載，志，事等字同用者。至於老莊諸子，無不皆然。是害與災，尤，載，志，事五字，一屬「祭」部，一屬「之」部，兩部絕不相通。』（經義述聞卷二）

因爲這些根據，都容易弄錯；故校勘學不能全靠根據。校勘學的工夫，在於「評判」。校勘兩字，都是法律的名詞，都含有審判的意思。英文「Textual Criticism」譯言『本子的評判』。我們顧名思義，可知校勘學決不單靠本子或他種的根據；可知校勘重在細心的判斷。上文王念孫校一個「用」字，便是評判的工夫。段玉裁[25]有與諸同志書論校書之難一篇，說這個道理最明白。

校書之難，非照本改字，不譌不漏之難也。定其是非之難。是非有二：曰底本之是非。曰立說之是非。必先定其底本之是非，而後可斷其立說之是非。二者不分，轇轕如治絲而棼，如算之淆亂其法實而瞀亂乃至不可理。何爲底本？著書者之稿本是也。何謂立說？著書者所言之義理是也。周禮輪人：『望而視其輪，欲其幎爾而下迆也。』自唐石經以下各本皆作「下迆」。唐賈氏作「不迆」。故疏曰：『不迆者，謂輻上至轂兩兩相當正直不旁迆；故曰不迆也。』文理甚明。今各本疏文皆作「下迆」，（下迆者爲輻上至轂兩兩相當正直旁迆故曰下迆也）其語絕無文理，則非賈文之底本矣。此由宋人以疏合經注者，改疏之「不」字，合經之「下」字。所仍之經，非賈氏之經本也。然則經本有二：「下」者是歟？「不」者是歟？曰：『下者是也。』『望而視其輪，』謂視其已成輪之牙。輪圜甚，

·国学研究法·
上海民智书局
一九三〇年版

牙皆向下迆邪；非謂輻與轂正直兩兩相當也。經下文：『縣之以視其輻之直，』自謂輻。『規之以視其圜，』自謂圜輪之圜在牙。上文「轂，輻，牙爲三材，」此言輪，輻，轂，輪，卽牙也。然則唐石經及各本經作「下」是；賈氏本作「不」非也。而義理之是非得矣。倘有淺人校疏文「下迆」之誤，改爲「不迆；」因以疏文之「不迆，」而改經文之「下迆，」則賈疏之底本得矣；而於義理乃大乖也！（段氏共引五例今略）故校經之法，必以賈還賈，以孔還孔，以陸還陸，以杜還杜，以鄭還鄭，各得其底本，而後判其義理之是非；而後經之底本可定，而後經之義理可以徐定。不先正注疏釋文之底本，則多誣古人。不斷其立說之是非，則多誤今人。……（經韻樓集）

我們看了這種校勘學方法論，不能不佩服清代漢學家的科學精神。在淺學的人，只覺得漢學家斤斤的爭辯一字兩字的校勘，以爲「支離破碎，」毫無趣味。

其實漢學家的工夫，無論如何瑣碎，卻有一點不瑣碎的元素，就是那一點科學的精神。

凡成一種科學的學問，必有一個系統，決不是一些零碎堆砌的知識。音韻學自從顧炎武，江永，[26]戴震[27]，錢大昕，段玉裁王念孫直到章炳麟黃侃，研究古音的分部，聲音的通轉，不但分析更細密了；並且系統條理也更清楚明白了。訓詁學用文字假借，聲類通轉，文法條例三項作中心，也自成系統。惟校勘學的頭緒紛繁，很不易尋出一些通則來。但清代的校勘學，卻眞有條理系統。故成一種科學。我們看王念孫讀淮南子雜志的後序，說他訂正淮南子共九百餘條推求，「致誤之由」一可得六十四條通則。這一篇一萬二千字的空前長序，（讀書雜志九之二十二）眞可算是校勘學的科學方法論。又如俞樾的古書疑義舉例的五六七三卷，也提出許多校勘學的通則：也可算是校勘學的方法論。

·国学研究法·
上海民智书局
一九三〇年版

八

我想上文舉的例，很可以使讀者懂得清代學者的治學方法了。他們用的方法，總括起來只是兩點：（1）大膽的假設。（2）小心的求證。假設不大膽，不能有新發明。證據不充足，不能使人信仰。上文舉的許多例大概多偏重求證一方面。我現在且引清學的宗師戴震論尚書堯典「光被四表」的光字的歷史作爲最後的一條例；作爲我這一篇方法論的總結束。

考堯典『光被四表，格於上下』。蔡沈解「光」爲「顯」，這是最普通的解法。但是孔安國傳說：『光，充也』。光字作顯解，何等近情近理。爲什麼古人偏要解作「充」字呢？豈不是舍近而求遠嗎？但是戴震說：

孔傳：『光，充也』。陸德明釋文無音切。孔沖遠正義曰：『光，充；釋言文』。据郭本爾雅『桄，熲，充也』。注曰：『皆充盛也』。釋文曰：『桄，孫作光，古黃反』。用是言之光之爲充，爾雅具其義。……雖孔傳出魏晉間人手；以僕觀此字，據依爾雅，又密合古人屬詞之法，非魏晉間人所能；必襲取師師相傳舊解，見其奇古有據，遂不敢易爾。後人不用爾雅及古注；殆笑爾雅迂遠，古注膠滯，如光之訓充，茲類實繁。余獨以謂病在後人不能徧觀盡識，輕疑前古，不知而作也。

戴震是不信僞孔傳的人，但他卻要爲『光，充也』一句很不近情理的話作辯護士，我們且看他的說法：

爾雅桄字六經不見。說文：『桄，充也。』孫愐唐韻：『古曠反。』樂記『鐘聲鏗，鏗以立號，號以立橫，橫以立武；』鄭康成注曰：『橫，充也，謂氣作充滿也。』釋文曰：『橫，古曠反。』孔子閒居篇：『夫民之父母乎，必達於禮樂之原，以至五致而行三無，以橫於天下。』鄭注曰：『橫，充也。』疏家不知其義出爾雅。

堯典古本必有作「橫被四表」者。橫被，廣被也。正如記所云『橫於天下』

·国学研究法·
上海民智书局
一九三〇年版

『橫於四海』橫四表格上下對舉，……橫轉寫爲桄，脫誤爲光，追原古初，當讀『古曠反』庶合充霩廣遠之義。

這眞是大膽的假設。他見郭本爾雅的桄字在孫本作光，又見說文有『桄充也』的話，又見唐韻讀桄爲古曠反。而禮記的橫字旣訓爲充，又讀古曠反。——他看了這些事實，忽然看出他們的關係來，遂大膽下一個假設，說堯典的光字就是桄字也就是橫字。但是尙書的各本，明明都作「光」字。戴震於是更大膽的提出一個很近於武斷的假設說『堯典古本必有作橫被四表者。』這話是乾隆乙亥（一七五五）年與王內翰鳳喈書裏說的。過了兩年，（一七五七）錢大昕和姚鼐各替他尋着一個證據：

（證一）後漢書馮異傳有『橫被四表，昭假上下。』

（證二）班固西都賦有『橫被六合。』

過了七年多，（一七六二）戴震的族弟受堂又替他尋着兩個證據：

（證三）漢書王莽傳：『昔唐堯橫被四表。』

（證四）王褒聖主得賢臣頌：『化溢四表，橫被無窮。』

過了許多年，他的弟子洪榜[28]又尋得一證：

（證五）淮南原道訓：『橫四維而含陰陽。』高誘注：『橫，讀桄車之桄。』

是漢人橫桄通用，甚明。

他的弟子段玉裁又尋得一證：

（證六）李善注魏都賦引東京賦『惠風橫被。』今本東京賦作『惠風廣被，』後人妄改也。

這一個字的考據的故事，很可以表示清代學者的學問的眞精神；假是這個光字的古本作橫已無法證實了，難道戴震就不敢不下那個假設了嗎？我可以斷

·国学研究法·
上海民智书局
一九三〇年版

定他仍是要提出這個假設的。如果一個假設是站在很充分的理由上面的，卽使沒有旁證，也不失爲一個很好的假設。但他終究只有一個假設。不能成爲眞理，後來有了充分的旁證，這個假設便陞上去變成一個眞理了。

戴震自己論這個字的考據道：

述古之難，如此類者，遽數之不能終其物。六書廢棄，經學荒謬，二千年以至今，……僕情僻識狹，以謂信古而愚，愈於不知而作。但宜推求，勿爲株守。例以光之一字，疑古者在茲，信古者亦在茲。

「但宜推求，勿爲株守」八個字，是清學的眞精神。

1. 倍根 Francis Bacon（一五六一——一六〇六）英國哲學家，政治家。所著論文數十篇傳於世。

2. 彌兒 John Stuart Mill（一八〇六——一八七三）英國哲學家，政治學家。

3. 格利類Galileo（一五六四——一六四二）意大利天文家，實驗科學之祖。

4. 牛敦Sir Isaac Newton（一六四二——一七二七）英國物理學家，發現地心吸力律者。

5. 勃里斯來Joseph Priestley（一七三三——一八〇四）英國科學家，發見養氣者。

6. 三論宗佛教之一派，以龍樹之中觀論十二門論及其弟子迦那提婆之百論爲本，故謂三論宗。

7. 法相宗佛教之一派，從楞伽深密密嚴等經傳出，以唯識論爲最要，故又稱唯識宗。唐玄奘至印度學於戒賢論師，歸國後譯而傳之。

8. 周濂溪即周敦頤，宋代理學家。著太極圖說及通書，爲宋理學之開祖。所居名濂溪，世稱「濂溪先生」。

9. 邵康節即邵雍，字堯夫，宋代理學家。深於易理，著皇極經世書。卒謚康節先生。

10. 程謂程顥，程頤；朱謂朱熹；陸謂陸九淵；王謂王守仁。

11. 陸象山（九淵）嘗與朱熹會講鵝湖，論多不合。朱重道問學；陸重尊德性。朱以居敬窮理爲

·国学研究法·
上海民智书局
一九三〇年版

入聖之階梯；陸則簡易直截，謂六經皆我註脚。陸於途中作詩云：「墟墓興哀宗廟欽，斯人千古不磨心。涓流積至滄溟水，拳石崇成泰華岑。易簡工夫終久大，支離事業總浮沈。欲知自下昇高處，眞僞先須辨自今。」朱和之云：「德業流風夙所欽，別離三載更關心。偶扶藜杖出寒谷；又枉籃輿度遠岑。舊學商量加邃密，新知培養轉深沈。只愁説到無言處，不信人間有古今。」

12 漢儒治經，多詁其義。後儒以聲音訓詁之學治經者，遂稱爲「漢學」。此種工夫，脚踏實地，樸質無華，故亦稱「樸學」。

31 鄭玄，子康成，東漢經學家，博通諸經，著書百餘萬言，集漢代經學之大成。故後人稱漢代經學爲「鄭學」。

14 宋代程朱諸儒，治經多疏其理，世稱爲理學，亦稱宋學。

15 顧炎武初名絳，字寧人，明末江蘇崑山人。精於音韵之學，著音論，詩本音，易音，唐韵正，古音表，合稱音學五書。又著天下郡國利病書，日知錄等。

16 錢大昕，字曉徵，清嘉定人。乾隆進士，官至少詹士。著有十駕齋養新錄，二十二史改異等書。「

古無輕脣音」及「古無舌頭舌上之分」二條皆見養新錄。

17王念孫字懷祖，清高郵人。乾隆進士，官至永定河道。生平篤守經訓，通聲音訓詁之學。撰廣雅疏證，凡十年而成。又校正古書之誤，作讀書雜志凡八十二卷。

18王引之字伯申，念孫子。嘉慶進士官至工部尚書。秉承家學，著有經義述聞，經傳釋詞等書。

19俞樾字蔭甫，號曲園，清浙江德清人。道光進士，官至河南學政，中年罷官，一意治經。著有羣經平議，諸子平議，古書疑義舉例等書。

20孫詒讓字仲容，清浙江瑞安人。著有墨子間詁，周禮正義，周禮政要，札迻等書。

21漢魯國毛亨作詩訓詁傳以授趙國毛萇。時人謂亨爲大毛公，萇爲小毛公。

22方東澍字植之，清安徽桐城人。博通經史，精研義理，一宗程朱。著漢學商兌一書，力攻考據家之失。又著書林揚觶，大義尊聞等書。

23阮元，字伯元，號芸臺，清江蘇儀徵人。乾隆進士，官至大學士。生平以提倡學說自任，在粵設學海堂，彙刻學海堂經解，校刊十三經注疏等書。

24陸元朗，字德明，唐吳縣人。官國子博士。採輯諸經及老莊各書文字音義之異同，撰經典釋文三十卷。

25段玉裁，字懋堂，清金壇人。乾隆舉人。精聲音訓詁之學，著有說文解字注。

62江永，字慎修，清安徽婺源人。精於歷數聲韻及三禮之學。著述甚富，有禮經綱目，周禮疑義舉要，禮記訓義釋言，音學辨微等書。

27戴震，字東原，清休寧人。乾隆舉人，任四庫全書纂修官。精小學，長於考辨。著聲韻考，聲類表，考工記圖等書。

28洪榜，字汝登，清安徽歙縣人。乾隆進士，官內閣中書。著周易古義錄，詩經古義錄，春秋公羊傳例等書。

國學研究

儀徵洪北平編

第二卷經學通論

論讀經法(經學講義) 王舟瑤

通經所以致用。孔子曰：「誦詩三百，授之以政，不達；使於四方不能專對；雖多亦奚以爲？」1 列子引孔子曰：「曩吾修詩書，正禮樂，將以治天下，遺來世。非但修一身，治魯國而已。」2 漢之儒者以禹貢行水，3 春秋折獄，4 三百五篇當諫書，5 方可謂之經學。若拘拘於形聲訓詁之中名物考据之末，章句陋儒，何裨實用？乾嘉以來多坐此弊，吾輩不必復蹈也。

欲求實用，其道何由？曰一經之中，必有大義。如孟子七篇，以性善爲體，以仁義爲用；其論治以民爲體，以學校井田爲用；此其大義。學者讀一經，必求其大義所在；取其有益於心身，有關於國家者而講明之，餘姑從緩可也。

欲求實用，貴乎通今，不可泥古。明堂，[6] 辟雍，[7] 郊祀，[8] 禘祫，[9] 經中大典禮聚訟；實則皆古人之陳迹，略知其制可耳。專事於此，實無所用。必求其有益於今，實可施行；心知古人之意，以救今日之失，庶足取通經之益。

易明天人之道，在諸經中最爲精微。然天道遠而人事近，故繫辭下傳，言致用崇德，過此以往，未之或知。[10] 以下九節，皆以人事明之。伊川易傳，[11] 發揮人事，切於心身，深得夫子學易寡過之旨。[12] 漢魏易說，如陰陽，[13] 卦氣，[14] 飛伏，歸遊，世應，[15] 納甲，[16] 等說，雖遠有師承，然按諸本經，終屬附會，乾嘉諸儒，競言漢易，實無所用。學者可先讀程傳；欲考古說，則李鼎祚集解[17] 略備矣。

書道政事，唐虞三代之治，略具於斯，不可不讀。經文簡奧，須明訓詁。孫星衍今

·国学研究法·
上海民智书局
一九三〇年版

古文注疏，[18]足備參攷。晚出古文，自宋吳才老[19]朱子[20]以來已疑之；至國朝閻若璩，盡發其覆。[21]然此二十五篇中實多微言大義，何可廢也？

孔門教人，以詩禮爲先。蓋古者三百篇，皆被於管絃，最足以陶淑性情。後世樂廢，而詩之獲益較狹。國朝諸儒，於詩中名物訓詁，考之最詳。然於興觀羣怨之旨，[22]尚尠發明也。今西國學堂有唱歌一科，學者借此諷詠，亦古人詩樂合一之意乎？欲求名物訓詁，可讀陳奐毛詩疏。[23]

周官一書，條理秩然，有與今日西政西學相符契者，可爲經世之用。近孫詒讓所著正義，[24]頗爲精詳，可以研究。儀禮簡古，昌黎歎爲難讀。[25]國朝諸儒，最有功是經。凌氏釋例，極爲貫穿。[26]胡氏正義，[27]集其大成，然僅足以考求古禮，於今日究少實用。戴記中有切用者，亦有僅資考古者，宜分別讀之。

三傳之中，左氏本諸國史，詳於記事；公穀得諸口說，中多微言。公羊家說，謂孔

·国学研究法·
上海民智书局
一九三〇年版

子因道不行，損益百王之法，作春秋以貽來世。以周末文勝，欲變從殷質，故謂黜周。假十二公之事以示法，故謂王魯。28 非眞謂周可黜，以魯爲王也。其學固有所受，然不善學之，則流弊滋多。學者不如先讀左氏傳。顧棟高春秋大事表一書，29 極爲詳核，足以備考。

論語記孔子之言行；大學詳爲學之次第；中庸多微言；孟子多大義；此四書者，備修己治人之全，萃六經之精義，學者宜終身服膺。孝經乃倫理之書，亦爲切要。

羣經中多古言古義，不通小學則義無由明；猶之不通西文，則不能讀西書，故爾雅說文，不可不究。然此乃經學之入門，非經學之全體。爲漢學者，每抱此以自足，則小矣。爾雅可讀郝氏義疏；30 說文可讀段氏注；31 王氏釋例。

1. 論語子路。朱註引程子曰：「窮經，將以致用也。世之誦詩者，果能從政而專對乎？然則其所學者，章句之末耳。此學者之大患也。」

2.列子仲尼篇。

3.漢書平當傳「當以經明禹貢，使行河爲騎都尉，領河隄。」

4.後漢書應劭傳「劭刪定律令爲漢儀。建安元年奏之曰：故膠東相董仲舒老病致仕，朝廷每有政議，數遣廷尉張湯親至陋巷，問其得失。於是作春秋決獄二百三十二事，動以經封，言之詳矣。臣輒撰具律本章句，尙書舊事，廷尉板令，決事比例，司徒都目，五曹詔書，及春秋斷獄，凡二百五十篇。」

5.漢書儒林傳：「王式爲昌邑王師。昭帝崩，昌邑王嗣立，以行淫亂廢。昌邑羣臣，皆下獄誅。式繫獄，當死。治事使者責問曰：師何以亡諫書？式對曰：臣以詩三百五篇朝夕授王；至於忠臣孝子之篇，未嘗不爲王反復誦之也；至於危亡失道之君，未嘗不流涕爲王深陳之也。臣以三百五篇諫，是以亡諫書。使者以聞，亦得減死論。」

6.明堂蓋取嚮明而治之義，亦以四宇無壁戶牖洞然，取四匝通明之義。朱子曰：「論明堂之制者非一，某竊意當有九室，如井田之制：東之中爲青陽太廟，東之南爲青陽右个，東之北青陽

·国学研究法·
上海民智书局
一九三〇年版

左个南之中爲明堂太廟，南之東爲明堂左个，南之西爲明堂右个：西之中爲總章太廟，西之南爲總章左个；西之北總章右个，北之中爲玄堂太廟，北之東爲玄堂右个。北之西爲玄堂左个；中央爲太廟太室。凡四方之太廟異方所其左右个，則青陽之右个，乃明堂之左个；明堂之右个乃總章之左个；總章之右个乃玄堂之左个；玄堂之右个，乃青陽之左个也；但隨其時之方位開門耳。」

7. 辟雍之名，始見於詩，初不以爲學也。自王制論學，有「天子曰辟雍，諸侯曰頖宮」之文，於是異說紛起。三輔皇圖「辟雍水四周於外，象四海也。」孔穎達曰「水環邱如璧，水下而地高，故以邱言之。以水繞邱，所以節約觀者，令在外也。」雍，詩作廱，說文無雍有廱，从广，广讀若儼，象對剌高屋之形。四方有水曰邕，故从邕。此以形勢言也。鄭註訓辟爲明，訓雍爲和，謂：「所以明和天下。」韓詩：「辟取有德，讀若闢。」孔氏謂於此中習學道義，欲使天下之人悉皆明達諧和。」陳氏謂：「明之以法，和之以道，曰辟雍。」或又謂：「辟之爲言積也，積天下之道德，雍之爲言壅也，壅天下之殘賊。」又或謂：「辟者法之所自出，本之以爲禮，雍者和之所自生，本之以爲樂，」此皆以義理言之也。

8. 漢書郊祀志「漢興之初，庶事草創。唯一叔孫生略定朝廷之儀。若乃正朔服色郊望之事，數世猶未章焉。至於孝文始以夏郊；而張倉據水德，公孫臣賈誼更以爲土德，卒不能明。孝武之世，文章爲盛，太初改制，而兒寬司馬遷等猶從臣誼之言。」

9. 曲臺聚訟，惟禘祫爲多。鄭康成謂祫大禘小，王肅謂祫小禘大，此大小之說不同也。劉歆賈逵則謂一祭二名，禮無差降，此一祭二名之說不同也。鄭氏謂天子祭圜邱謂之禘，宗廟大饗亦謂之禘。王氏謂天子諸侯皆禘於宗廟，非燔柴之祭，此祭天祭宗廟之說不同也。詩閟宮傳云，諸侯夏禘則不祫，秋祫則不禘。漢光武詔問禘祫於張純，純稱禘以夏四月，祫以冬十月，此夏禘冬祫之說不同也。

10 周易繫辭下傳：「尺蠖之屈，以求信也。龍蛇之蟄，以存身也。精義入神，以致用也。利用安身，以崇德也。過此以往，未之或知也。」

11 易傳四卷，宋程頤撰，其門人楊時校正。經文用王弼之本。惟解上下經彖象及文言，亦與弼同。

·国学研究法·
上海民智书局
一九三〇年版

大旨黜數而崇理。

12 論語述而：「子曰，加我數年五十以學易，可以無大過矣，」

13 漢書儒林傳：「孟喜好自稱譽得易家候陰陽災變書，詐言師田生且死時枕喜鄰，獨傳喜，諸儒以此燿之。」

14 卦氣說出於孟喜，而其書不傳，其說不詳。只見於京氏書。漢書京房傳：「分六十卦，更值日用事，以風雨寒温爲候。」孟康曰：分卦直日之法，一爻主一日，六十四卦爲三百六十日。餘四卦震，離，兌，坎，爲方伯監司之官。所以用震離兌坎者，是二至二分用事之日。其說亦見於易緯稽覽圖。

15 文獻通考：「京氏積算易傳三卷，雜占條例法一卷。」晁景迂曰：「是書肇乾坤之二象，以成八卦。卦成八變，六十有四。於其往來升降之際，以觀消息盈虛於天地之元。太抵辨三易，運五行，正四時，謹二十四氣，悉七十二候，而位五星，降二十八宿。其進退以幾，而爲一卦之主者，謂之世。奇偶相與，據一以超二，而爲主之相者，謂之應。世之所位，而陰陽之肆者，謂之飛。肇乎所配，而終不脫乎本，以飛某卦之位，乃伏某宮之位，以隱頤佐神明者謂之伏。起乎世而周乎內外，參乎本數，以紀月者謂之建。其終始極乎數，而不可窮以紀日者，謂之積。含初一世之五位，乃分爲五世之位。其五世之上，乃爲游魂之初；五世之初，乃爲歸魂之世；而歸魂之初，乃生後卦之初。其建，剛日則節氣，柔日則中氣。數虛則二十有八，盈則三十有六。蓋其可言者如此。」

16 漢上朱氏周易卦圖說：「納甲何也？曰，舉甲以該十日也。乾納甲壬，坤納乙癸，震巽納庚辛，坎離納戊己，艮兌納丙丁，皆自下生。聖人仰觀日月之運，配之以坎離之象，而八卦十日之義著矣。」又胡氏易圖明辨：「鄭訢曰：參同本不爲明易；借納甲之法以寓行持進退之候。云甲乙丙丁庚辛者，乃以月之出沒昏旦言之，非以分六卦之方也。」

17 周易集解十七卷，唐李鼎祚撰。凡採子夏易傳以下三十五家之說。鼎祚自序謂「刊輔嗣之野文，補康成之逸象」。蓋發明漢學者也。

18 孫星衍，字淵如，清陽湖人。乾隆進士，官至山東督糧道。著有尚書今古文注疏，周易集解等。

19 吳才老曰：「增多之書，皆文從字順，不若伏生之書詰屈聱牙。」

·国学研究法·

上海民智书局 一九三〇年版

20 朱子曰：「尚書孔安國傳是晉魏間人作，託安國爲名耳。」又曰：「孔傳并序，皆不類西京文字氣象，與孔叢子同是一手僞書，蓋其言多相表裏，而訓詁亦多出於小爾雅也。」

21 閻若璩字百詩，清太原人。精深經史，長於辨證。年二十讀尚書至古文二十五篇，即疑其僞。沈潛三十餘年，盡得其癥結所在，乃作古文尚書疏證八卷，專辨東晉晚出之古文尚書十六篇，及同時出現之孔安國尚書傳，皆爲僞書。

22 論語陽貨「子曰：小子，何莫學夫詩？詩，可以興，可以觀，可以羣，可以怨；邇之事父，遠之事君，多識鳥獸草木之名。」

23 陳奐字碩甫，號師竹，清江蘇長洲人。生平爲學，以毛詩最爲專精。所著毛詩傳疏三十卷，於漢代微言大義，靡不曲發其蘊。而名物訓詁，復與廣雅疏證相出入。

24 孫詒讓字仲容，清浙江瑞安人。著有墨子閒詁，周禮正義，周禮政要，札迻等書。

25 韓愈讀儀禮：「余嘗苦儀禮難讀，又其行於今者蓋寡，沿襲不同，復之無由，考於今，誠無所用之。然文王周公之法制，粗在於是。孔子曰：吾從周。謂其文章之盛也。」

26 凌廷堪，字仲子，清安徽歙縣人。乾隆進士，官寧國府學教授。於學無所不窺，尤專攻於禮學，著禮經釋例十卷，校禮堂文集三十六卷。

27 胡培翬，字載屛，一字竹村，清安徽績溪人。嘉慶進士，官戶部主事。爲學於禮經獨深，著儀禮正義四十卷，及研六室文鈔十卷。

28 後漢書：「何休字邵公，任城樊人。父豹，少府。休以列卿子，詔拜郎中，辭病去。陳蕃辟之。蕃敗，休坐廢錮，乃作春秋解詁。復與其師博士羊弼，追宗李育之意，以難二傳，作公羊墨守，左氏膏肓，穀梁廢疾。　王氏嘉稱：「休木訥多智，三墳五典，陰陽算術，及遠年古諺，歷代圖譜，無不成誦。京師謂爲學海。然其書多引讖緯，所謂黜周王魯，變周文從殷質，及三科九旨等說，公羊初無明文。」

29 顧棟高，字復初，清江蘇無錫人。康熙進士，於五經多有發明，尤好春秋左氏學，著春秋大事表，數十年始成。

30 郝懿行，字恂九，號蘭皋，山東棲霞人。嘉慶進士，官戶部主事。生平肆力著述，所著有爾雅義疏

·国学研究法·
上海民智书局
一九三〇年版

十九卷用力最久。
31 段玉裁字懋堂清金壇人乾隆舉人精聲音訓詁之學，著有說文解字注等書。
32 王筠，字貫山一字菉友，清山東安邱人道光舉人精說文之學，著說文釋例二十卷，及蛾術篇毛詩重言等。

六經正名（定菴文集）　龔自珍

孔子之未生，天下有六經久矣。莊周天運篇曰：「孔子曰：某以六經奸七十君而不用。」記曰「孔子曰：入其國，其教可知也。」1 有易書詩禮樂春秋之教。孔子所覩易書詩，後世知之矣。若夫孔子所見禮，卽漢世出於淹中之五十六篇。2 孔子所謂春秋，周室所藏百二十六國寶書是也。3 是故孔子曰「述而不作。」4 司馬遷曰：「天下言六藝者折衷於孔子。」5 六經六藝之名，由來久遠，不可以肌增益。善夫漢劉向之爲七略也。6 班固仍之，造藝文志，序六藝爲九種，7 有經，有傳，有記，有羣書。傳則附於經，記則附於經，羣書頗關經，則附於經，何謂傳？書之有大小夏侯，歐陽，傳也。[8] 詩之有齊，魯，韓，毛，傳也。[9] 春秋之有公羊，穀梁，左氏，鄒，夾氏，亦傳也。[10] 何謂記？大小戴氏所錄，凡百三十有一篇是也。[11] 何謂羣書？易之有淮南道訓，古五子十八篇，[12] 羣書之關易者也。書之有周書七十一篇，[13] 羣書之關書者也。春秋之有楚漢春秋，[14] 太史公書，[15] 羣書之關春秋者也。然則禮之有周官，[16] 司馬法，[17] 羣書之頗關禮經者也。漢二百祀自六藝而傳記而羣書而諸子畢出既大備。微夫劉子政氏之目錄，吾其如長夜乎！何居乎世有七經，[18] 九經，[19] 十經，[20] 十二經，[21] 十三經。[22] 十四經，[23] 之喋喋也！

或以傳爲經，公羊爲一經，穀梁爲一經，左氏爲一經。審如是，是則韓亦一經，齊亦一經，魯亦一經，毛亦一經，可乎？歐陽一經，兩夏侯各一經，可乎？易三家，[24] 禮分慶戴，[25] 春秋又有鄒，夾。漢世總古今文爲經當十有八，何止十三？如其可也，則後世名一家說經之言甚衆，經當以百數。

或以記爲經，大小戴二記畢稱經，夫大小戴二記古時篇篇單行，然則禮外經當有百三十一經。

或以羣書爲經，周官晚出，劉歆始立。劉向班固灼知其出於晚周先秦之士之掇拾舊章所爲；附之於禮，等之於明堂陰陽[26]而已。後世稱爲經，是爲述劉歆非述孔氏。

善夫劉子政氏之序六藝爲九種也，有苦心焉，斟酌盡善焉。序六藝矣七十子以來尊論語而譚孝經小學者，又經之戶樞也，不敢以論語夷于記，夷于羣書也。不以孝經還之記，還之羣書也。又非傳，於是以三種爲經之貳。雖爲經之貳，而仍不敢悍然加以經之名。向與固可謂博學明辨愼思之君子者哉！詩云：「自古在昔，先民有作。」向與固豈非則古昔，崇退讓之君子哉！後世又以論語孝經爲經，假使論語

·国学研究法·
上海民智书局
一九三〇年版

孝經可名經，則向早名之且曰序八經，不曰序六藝矣。仲尼未生，先有六經。仲尼既生，自明不作。仲尼曷嘗率弟子，使筆其言，以自制一經哉？亂聖人之例，淆聖人之名實，以爲尊聖。怪哉，非所聞！非所聞！

然且猶爲未快意，於是乎又以子爲經。漢有傳記博士，無諸子博士。且夫子也者，其術或醇或疵，其名反高于傳記。傳記也者，弟子傳其師，記其師之言也。諸子也者，一師之自言也。傳記猶天子畿內卿大夫也。諸子猶公侯各君其國，各子其民，不專事天子者也。今出孟子於諸子，而夷之於二戴所記之間，名爲尊之，反卑之矣。子輿氏之靈其弗享是矣。

問：「子政以論語孝經爲經之貳，論說孝經則若是班乎？」答：否，否！孝經者，曾子以後支流苗裔之書，平易汎濫，無大疵，無閎意眇恉，如置之二戴所錄中，與坊記緇衣孔子閒居曾子天圓比，非中庸祭義禮運之倫也。本朝立博士，向與固因本朝所尊而尊之，非向固尊之也。然則劉向班固之序六藝爲九種也，北斗可移，南山可隳，此弗可動矣。

後世以傳爲經，以記爲經，以羣書爲經。猶以爲未快意，則以經之輿臺爲經，爾雅是也。爾雅釋詩書之書，所釋又詩書之膚末，乃使之與詩書抗，是尸祝輿臺之鬼，配食昊天上帝也。

1. 禮記經解。
2. 漢書藝文志「禮古經者，古於魯淹中。」淹中，里名也。
3. 孔子制春秋之義，使子夏等求周史記，得百二十國寶書。寶，保也；以其可世世傳保以爲戒，故曰寶書。見公羊傳疏。
4. 見論語。
5. 見史記孔子世家贊。

·国学研究法·
上海民智书局
一九三〇年版

6. 見前。

7. 班固漢書藝文志六藝略有易，書，詩，禮，樂，春秋，論語，孝經，小學九種。

8. 漢書藝文志，「歐陽章句三十一卷。」又，「大小夏侯章句各二十九卷。」又「大小夏侯解故二十九篇。」皆亡。儒林傳「伏生教濟南張生及歐陽生。歐陽生授兒寬，寬授歐陽生子，世世相傳。至曾孫高爲博士。由是尙書世有歐陽之學。夏侯勝，其先夏侯都尉從濟南張生受尙書以傳族子始昌，始昌傳勝，勝傳從兄子建，建又事歐陽高，由是尙書有大小夏侯之學。」

9. 漢書藝文志「詩經二十八卷，魯齊韓三家。」又「毛詩二十九卷。」又「漢興，魯申公爲詩訓故而齊轅固燕韓生皆爲之傳。三家皆列於學官。又有毛公之學，自謂子夏所傳，而河間獻王好之，未得立。」

10 漢書藝文志「公羊傳十一卷，」「穀梁傳十一卷，」「左氏傳三十卷，」「鄒氏傳十一卷，」「夾氏傳十一卷」公羊，齊人名高，穀梁，魯人名喜，或曰赤。左氏，魯太史左丘明。鄒氏無師。夾氏有錄無書。

·国学研究法·
上海民智书局
一九三〇年版

11 漢書藝文志六藝略禮部「記百三十一篇。」七十子後學者所記。古禮二百十四篇，出於孔子壁中。漢戴德刪其繁重，定爲八十五篇，謂之大戴記。其弟聖又刪爲四十六篇，謂之小戴記。後馬融又益月令明堂位樂記各三篇，合四十九篇爲一書，即今禮記也。錢大昕廿二史考異曰：「合大小戴所傳而言，小戴記四十九篇，曲禮檀弓雜記皆以簡策重多，分爲上下，實止四十六篇，合大戴之八十五篇，正協百三十一之數。」

12 漢書藝文志「淮南道訓二篇。」淮南王安聘善爲易者九人，從之採獲，號九師說。又「古五子十八篇。」自甲子至壬子，說易陰陽，故號曰五子。

13 漢書藝文志，「周書七十一篇。」劉向云：「周時誥誓號令也。蓋孔子所論百篇之餘也。」

14 漢書藝文志「楚漢春秋九篇。」陸賈所記，亡於南宋。

15 漢書藝文志「太史公百三十篇。」即司馬遷史記。隋志題史記，蓋皆後著錄，改從今名。

16 漢書藝文志「周官經六篇。」即今周禮也。隋書經籍志「漢時有李氏得周官，上於河間獻王，獨闕冬官一篇。獻王購以千金，不得，遂取考工記以補其處，合成六篇奏之。」

17 漢書藝文志「軍禮司馬法百五十五篇。」齊威王使大夫追論古者司馬兵法，而附穰苴於其中。

18 七經有三：一，後漢書注「七經謂詩書禮樂易春秋及論語也。」二，宋劉敞撰七經小傳，以尚書，毛詩，周禮，儀禮，禮記，公羊傳，論語爲七經。三，清康熙御纂七經則爲易書詩春秋，三禮。

19 九經有二：一說易，詩，書，三禮，三傳爲九經。一說易，詩，書，禮，春秋，孝經，論語，孟子，周禮爲九經。

20 十經，宋史百官志「國子助教十人。周易，尚書，毛詩，禮記，周官，儀禮，春秋，左氏傳，公羊，穀梁，各爲一經，論語孝經合爲一經，共十經，助教分掌。」

21 自漢以來，儒者但言五經。唐時立之學官，三禮三傳，分而習之，則爲九經。唐文宗開成開刻石國子學，并孝經，論語，爾雅，是爲十二經。

22 宋時程朱諸儒取禮記中之大學中庸，又進孟子以配論語，謂之四書，於是孟子乃列於經，并前十二經爲十三經。

23 史繩祖學齋佔畢「先時嘗併大戴記於十三經，稱十四經。」

·国学研究法·
上海民智书局
一九三〇年版

24 漢書藝文志「易經十二篇,施孟梁丘三家。」施讐,孟喜,梁丘賀也。

25 漢書藝文志「漢興,魯高堂生傳士禮十七篇。訖孝宣世,后倉最明。戴德戴聖慶普皆其弟子。三家立於學官。

26 漢書藝文志「明堂陰陽三十三篇,」古明堂之遺事也。

經解上(文史通義)

章學誠

六經不言經,三傳不言傳,猶人各有我,而不容我其我也。依經而有傳,對人而有我,是經傳人我之名,起於勢之不得已,而非其質本爾也。易曰:「上古結繩而治,後世聖人易之以書契,百官以治,萬民以察。」[1] 夫爲治爲察,所以宣幽隱而達形名,布政教而齊法度也,未有以文字爲一家私言者也。易曰:「雲雷屯,君子以經綸。」[2] 經綸之言,綱紀世宇之謂也。鄭氏注謂「論撰書禮樂,施政事。」經之命名,所由昉乎?然猶經緯經紀云爾,未嘗明指詩書六藝爲經也。

三代之衰，治教既分，夫子生於東周，有德無位；懼先聖王法積道備至於成周無以續且繼者而至於淪失也，於是取周公之典章所以體天人之撰而存治化之迹者，獨與其徒相與申而明之。此六藝之所以雖失官守而猶賴有師教也。然夫子之時猶不名經也。

逮夫子既沒，微言絕而大義將乖，於是弟子門人，各以所見所聞所傳聞者，或取簡畢，或授口耳，錄其文而起義。左氏春秋，子夏喪服諸篇，皆名爲傳，而前代逸文不出於六藝者，稱述皆謂之傳，如孟子所對湯武及文王之囿是也。[3] 則因傳而有經之名，猶之因子而立父之號矣。至於官師既分，處士橫議，諸子紛紛，著書立說，而文字始有私家之言，不盡出於典章政教也。儒家者流，乃尊六藝而奉以爲經，則又不獨對傳爲名也。

荀子曰：「夫學始於誦經，終於習禮。」[4] 莊子曰：「孔子言治詩書禮樂易春

·国学研究法·
上海民智书局
一九三〇年版

秋六經。[5] 又曰「繙十二經」[6] 以見老子。荀莊皆出子夏門人，而所言如是，六經之名起於孔門弟子亦明矣。然所指專言六經，則以先王政教典章綱維天下，故經解疏別六經，以爲入國可知其教也。[7] 論語述夫子之言行，爾雅爲羣經之訓詁，孝經則又再傳門人之所述，與緇衣坊表諸記相爲出入者爾。劉向班固之徒，序類有九，而稱藝爲六；則固以三者傳而附之於經，所謂離經之傳不與坿經之傳相次也。

當時諸子著書，往往自分經傳，如撰輯管子者之分別經言，[8] 墨子亦有經篇，[9] 韓非則有儲說經傳。[10] 蓋亦因時立義，自以其說相經緯爾，非有所擬而僭其名也。經同尊稱，其義亦取綜要，非如後世之嚴也。聖如夫子，而不必爲經。諸子有經，以貫其傳，其義各有攸當也。

後世著錄之家，因文字之繁多，不盡關於綱紀，於是取先聖之微言，與羣經之羽翼，皆稱爲經。如論語，孟子，孝經與夫大小戴記之別於禮，左公穀之別於春秋，皆題爲經，乃有九經，十經，十二經，十三，十四諸經，以爲專部。蓋尊經而并及經之支裔也。而儒者著書，始嚴經名，不敢觸犯，則尊聖教而愼避嫌名，盖猶三代以後，非人主不得稱我爲朕也。然則今之所謂經，其强半皆古人之所謂傳也。古之所謂經，乃三代盛時，典章法度，見於政教行事之實，而非聖人有意作爲文字以傳後世也。

1. 周易繫辭下。
2. 周易屯卦。
3. 孟子。
4. 荀子勸學篇。
5. 莊子天運篇：「孔子謂老聃曰：吾治詩書易禮樂春秋六經，以爲文。干七十二君，論先王之道。」
6. 莊子天道篇「孔子繙十二經以說老聃。」十二經之說有三：一說六經與六緯，一說易上下經與十翼，一說春秋十二公經。

7. 禮記經解。

8. 管子八十六篇，分經言，外言，內言，短語，區言，雜篇等。

9. 墨子有經上，經下，經說上，經說下，等篇。

10 韓非子有內儲說，外儲說，八經等篇。

經解中

章學誠

事有實據，而理無定形；故夫子之述六經，皆取先王典章，未嘗離事而著理。後儒以聖師言行爲世法，則亦命其書爲經，此事理之當然也。然而以意尊之，則可以意僭之矣。蓋自官師之分也，官有政，賤者不敢强干之，以有據也；師有教，不肖者輒敢紛紛以自命，以無據也。孟子時以楊墨爲異端矣。楊氏無書，墨翟之書，初不名經，（雖有經篇經說，未名全書爲經。）而莊子乃云「苦獲鄧陵之屬，皆誦墨經」[1]則

·国学研究法·
上海民智书局
一九三〇年版

其徒自相崇奉而稱經矣。東漢秦景之使天竺，四十二章[2]皆不名經，（佛經皆中國繙譯竺書無經書）其後華言譯受，附會稱經，則亦文飾之辭矣。老子二篇，劉班著錄，初不稱經，隋志乃依阮錄稱老子經。意者，阮錄出於梁世，梁武崇尚異教，則佛老皆列經科，其所倣而加以道德眞經，與莊子之加以南華眞經，列子之加以冲虛眞經，則開元之元教設科，附飾文致，又其後而益甚者也。韓退之曰：「道其所道，非吾所謂道也」[3]則名教既殊，又何妨於經其所經，非吾所謂經乎？

若夫國家制度，本爲經制。李悝法經，[4]後世律令之所權輿。唐人以律設科。明祖頒示大誥，[5]師儒講習，以爲功令，是卽易取經綸之意，國家訓典，臣民尊奉爲經，義不背於古也。孟子曰：「行仁政，必自經界始」。地界言經，取經紀之意也。是以地理之書，多以經名，漢志有山海經，[6]隋志乃有水經。[7]後代州郡地理，多稱圖經。義皆於經界書，亦自存掌故，不與著述同科，其於六藝之文固無嫌也。

·国学研究法·
上海民智书局
一九三〇年版

至於術數諸家，均出聖門制作，周公經理垂典，皆守人官物曲而不失其傳。及其官司失守，而道散品亡，則有習其說者，相與講貫而授受，亦猶孔門傳習之出於不得已也。然而口耳之學，不能歷久而不差，則著於竹帛，以授之其人，（說詳詩教上篇）亦其理也。是以至戰國而羲農黃帝之書，一時雜出焉。其書皆稱古聖，如天文之甘石星經，[8] 方技之靈素難經，[9] 其類實繁，則猶匠祭魯般，兵祭蚩尤，不必著書者之果爲聖人，而習是術者，奉爲依歸，則亦不得不尊以爲經言者也。又如漢志以後，雜出春秋戰國時書，若師曠禽經，[10] 伯樂相馬之經，其類亦繁，不過好事之徒，因其人而附合，或略知其法者，託古人以鳴高，亦猶儒者之傳梅氏尙書，[11] 與子夏之詩大序也。[12] 他若陸氏茶經，[13] 張氏棋經，[14] 酒則有甘露經，貨則有相貝經，是乃以文爲諸戲，本無當於著錄之指。譬猶毛穎可以爲傳，[15] 蟹之可以爲志，[16] 琴之可以爲史，荔枝牡丹之可以爲譜耳，[17] 此皆若有若無，不足議也。

蓋卽數者論之異教之經，如六國之各王其國，不知周天子也。而春秋名分人具知之，彼亦不能竊而據也。制度之經，時王之法，一道同風，不必皆以經名，而禮時爲大，旣爲當代臣民，固當率由而不越，卽服膺六藝，亦出遵王制之一端也。術藝之精，則各有其徒相與守之，固無虞其越畔也。至諸戲而亦以經名，此趙佗之所謂妄竊帝號，聊以自娛，[18] 不妨諸戲置之。六經之道，如日中天，豈以是爲病哉？

1. 莊子天下篇「南方之墨者苦獲己齒鄧陵子之屬，俱誦墨經而倍譎不同。」
2. 漢明帝時，迦葉摩騰竺法蘭至東都，首譯四十二章經。中國有佛經自此始。
3. 韓愈原道。
4. 戰國時李悝事魏文侯，作盡地力之教，又作平糴法，魏以富強。
5. 明太祖洪武十八年，帝患民狃元習，狥私滅公，乃輯官民過犯，條爲大誥。其目有十，頒學宮以課士，里置塾師教之。

·国学研究法·
上海民智书局
一九三〇年版

6. 漢書藝文志數術略「山海經十三篇」劉歆云：「禹益作。」

7. 隋書經籍志史部地理記「水經三卷郭璞注。」

8. 魏石中夫。齊甘公皆掌天文之官。梁時有石氏星經七卷，又石氏甘氏天文占各八卷。

9. 靈樞，素問即黃帝內經，難經相傳爲扁鵲撰。

10 禽經一卷，舊題師曠撰，晉張華注。

11 晉元帝時，豫章內史梅賾獻僞古文尙書及孔安國書傳，謂由鄭沖傳於蘇愉，愉傳梁柳，柳傳臧曹，曹乃傳於梅賾云。

12 詩大序子夏作，或曰毛公作。

13 茶經三卷，唐陸羽撰。

14 棋經十三篇，宋張擬撰。

15 韓愈作毛穎傳，蓋敘筆也。

16 宋高似孫撰蟹略四卷，分十二門曰：蟹原，蟹象，蟹品，蟹志等。

17洛陽牡丹記宋歐陽修撰。荔枝譜宋陳思撰。

18南粤王趙佗報漢文帝書。

經解下

章學誠

異學稱經，以抗六藝，愚也。儒者僭經，以擬六藝，妄也。六經初不爲尊稱，義取經綸爲世法耳。六藝皆周公之政典，故立爲經。夫子之聖，非遜周公，而論語諸篇不稱經者，以其非政典也。後儒因所尊而尊之，分部隸經，以爲傳固翼經者耳。

佛老之書，本爲一家之言，非有綱紀政事，其徒欲專其教，自以一家之言，尊之過於六經，無不可也。强加經名以相擬，何異優伶效楚相哉？亦其愚也！揚雄，劉歆，儒之通經者也。揚雄法言，蓋云時人有問，用法應之，抑亦可矣。乃云象論語者，抑何謬邪！雖然，此猶一家之言，其病小也。其大可異者，作太元以準易，人僅知謂僭經爾，

·国学研究法·
上海民智书局
一九三〇年版

不知易乃先王政典，而非空言，雄盖蹈於僭竊王章之罪，弗思甚也。（詳易教篇）衞氏之元包，[2] 司馬之潛虛，[3] 方且擬元而有作，不知元之擬易已非也。劉歆爲王莽作大誥，[4] 其行事之得罪名教固無可說矣。卽擬尙書，亦何至此哉！河汾六籍，或謂好事者之緣飾，王通未必遽如斯妄也。[5] 誠使果有其事，則六經奴婢之誚，猶未得其情矣。奴婢未嘗不服勞於主人，王氏六經服勞於孔氏者，又何在乎？束晳之補笙詩，[6] 皮日休之補九夏，[7] 白居易之補湯征，[8] 以爲文人戲謔而不爲虐，稱爲擬作，抑亦可矣。標題曰補，則亦何取辭章家言以綴詩書之闕邪？

至孝經雖名爲經，其實傳也。儒者重夫子之遺言，則附之經部矣。馬融誠有志於勸忠，自以馬氏之說，援經徵傳，縱橫反覆，極其言之所至可也。必標「忠經」，亦已異矣。[9] 乃至分章十八，引風綴雅，一一效之；何殊張載之擬四愁，[10] 七林之倣七發哉？[11] 誠哉，非馬氏之書，俗儒所依託也。宋氏之女孝經，[12] 鄭氏之女論語，[13] 以謂女子有才，嘉尚其志可也。但彼如欲明女教，自以其意立說可矣。假設班氏惠姫與諸女相問答，則是將以書訓典，而先自託於子虛亡是之流，14 使人何所適從？彼意取其似經傳耳，夫經豈可似哉？經求其似，則譁騙有卦，(見輟耕錄)韡始收聲有月令矣。(皆諧謔事)

若夫屈原抒憤，有辭二十五篇，劉班著錄，概稱之曰屈原賦矣。乃王逸作注，離騷之篇已有經名，王氏釋經爲徑，亦不解題經者始誰氏也。至宋人注屈，乃云一本九歌以下有傳字。雖不知稱名所始，要亦依經而立傳名，不當自宋始也。夫屈子之賦固以離騷爲重，史遷以下至取騷以名其全書，今猶是也。然諸篇之旨本無分別，惟因首篇取重而强分經傳，欲同正雅爲經變雅爲傳之例；15 是孟子七篇當分梁惠王經與公孫滕文諸傳矣。夫子之作春秋，莊生以謂議而不斷，16 蓋其義寓於其事，其文不自爲賞罰也。漢魏而下，倣春秋者盖亦多矣；其間或得或失，更僕不能悉

·国学研究法·
上海民智书局
一九三〇年版

數。至以遷固而下，擬之尚書，諸家編年，擬之春秋。不知遷固本紀，本爲春秋家學；書志表傳，始猶左國內外之與爲終始發明耳。諸家陽秋，先後雜出，或用其名，而變其體（十六國春秋之類）或避其名而擬其實（通鑑綱目之類）要皆不知遷固之書，本紹春秋之學，並非取法尚書者也。故明於春秋之義者，但當較正遷固以下，其文其事之中，其義固何如耳。若欲萃集其事，以年分編，則荀悅袁宏之例具在，[17]未嘗不可法也。必欲於紀傳編年之外，別爲春秋，則亦王氏元經之續耳。夫異端抗經，不足道也；儒者服習六經，而不知經之不可以擬，則淺之乎爲儒者矣。

1. 揚雄字子雲，漢成都人，長於詞賦，多倣司馬相如。又撰法言十三卷以象論語。又以經莫大於易，乃作太元以象之。後世文人，好以儒術緣飾，子雲實啓之也。
2. 元包五卷，後周衛元嵩撰。其書體例近太元，序次則用歸藏，以坤爲首。
3. 潛虛，宋司馬光撰。亦擬太元而作，以五行爲本，五行相乘爲二十五，又兩之爲五十章。

4. 劉歆。漢宗室。與父向領校秘書。忤執政大臣，出爲太守。王莽少時與歆俱爲黄門郎。甚重之。及莽篡位，以爲國師。爲莽作大誥。

5. 王通字仲淹隋末龍門人。居河汾講學，從者數千。卒後門人謚曰文中子。著有續書，續詩，讚易，禮論。元經，中說，號曰「河汾六籍。」

6. 詩小雅有南陔，白華，華黍，由庚，崇丘，由儀，六篇。小序謂有其義，亡其辭。陸德明經典釋文謂：「南陔諸詩蓋武王之時，周公制禮，用爲樂章，吹笙以播其曲。及秦而亡。」後晉東晳作六詩以補之。

7. 九夏，九種樂也。周禮「鍾師掌金奏。凡樂事以鍾鼓奏九夏：王夏，肆夏，昭夏，納夏，章夏，齊夏，族夏，祴夏，驚夏」九夏有聲無辭，唐皮日休作補九夏。

8. 湯征，尚書逸篇之一。唐白居易作補湯征。

9. 忠經，舊題漢馬融撰，鄭玄注。蓋後人僞託也。亦分十八章以擬孝經。

10 東漢張衡，字平子，爲河間王相。時天下漸弊，衡鬱鬱不得志，乃作四愁詩。晉張載，字孟陽，又作

·国学研究法·
上海民智书局
一九三〇年版

擬四愁詩。

11 漢枚乘作七發，文中說七事以起發楚太子故曰七發。後傅毅七激，崔駰七依，崔瑗七蘇，馬融七廣，曹植七啓，王粲七釋，左思七諷等，皆仿其體以爲之，總稱曰七林。

12 唐陳邈之妻鄭氏作女孝經，亦仿孝經分十八章。

13 唐韋逞之母宋氏，爲女學士，作女論語。其言多仿論語，以宋氏代仲尼，以曹大家惠姬等代顏閔，其間問答，悉以婦道所尚。按原文宋鄭二氏互易，殆誤。

14 漢司馬相如有子虛賦，假託子虛公子，烏有先生，亡是公相爲問答之辭。

15 詩經朱註：「先儒舊說：二南二十五篇爲正風，鹿鳴至菁莪二十二篇爲正小雅，文王至卷阿十八篇爲大雅，文武成王時詩，周公所定樂歌之詞，邶至豳十三國爲變風，六月至何草不黃五十八篇爲變小雅，民勞至召旻十二篇爲變大雅，皆康昭以下所作。」

16 莊子：「春秋經世先王之志也，聖人議而不辨。」

17 後漢荀悅撰漢紀三十卷，約班固漢書爲編年之體。晉袁宏仿其體例撰後漢紀三十卷。二書俱有史才。

經典釋文叙錄(經典釋文) 陸德明

魯商瞿子木受易於孔子,以授魯橋庇子庸;子庸授江東馯臂子弓;子弓授燕周醜子家;子家授東武孫虞子乘;子乘授齊田何子莊。[1] 及秦燔書,易爲卜筮之書,獨不禁;故傳授者不絕。漢興,田何以齊田徙杜陵,號杜田生;授東武王同子中,及洛陽周王孫,梁人丁寬,[2] 齊服生,[3] 皆著易傳。漢初言易者本之田生。同授淄川楊何。[4] 寬授同郡碭田王孫;王孫授施讎及孟喜梁丘賀。由是有施孟梁丘之學焉。施讎[5] 傳易授張禹,[6] 及琅琊魯伯,[7] 禹授淮陽彭宣,[8] 及沛戴崇。[9] 伯授太山毛莫如,[10] 及琅琊邴丹。[11] 後漢劉昆[12] 受施氏易於沛人戴賓,其子軼。[13] 孟喜,[14] 父孟卿,喜爲禮春秋。孟卿以禮經多,春秋煩雜,乃使喜從田王孫受易。喜爲易章句,授同郡白

·国学研究法·
上海民智书局
一九三〇年版

光，（字少子，）及沛翟牧，（字子况。）後漢洼丹15 鮭陽鴻16 任安17 皆傳孟氏易。梁立賀18 本從太中大夫京房受易，19 後更事田王孫傳子臨，（黃門郎少府。）臨傳五鹿充宗，20 及瑯琊王駿。21 充宗授平陵士孫張，22 及沛鄧彭祖23 齊衡咸24 後漢范升（代郡人博士）傳梁丘易，（一本作孟氏易，）以授京兆楊政。25 又潁川張興26 傳梁丘易，弟子著錄且萬人，子魴傳其業。27 京房受易梁焦延壽，（字延壽，名贛）延壽云：「嘗從孟喜問易。」會喜死，房以延壽易卽孟氏學。翟牧白生不肯，曰「非也。」延壽嘗曰：「得我術以亡身者京生也。」房爲易章句，說長於災異，以授東海段嘉，（漢書儒林傳作殷嘉）及河東姚平，河南乘弘，（一本作桑弘）皆爲郞博士。由是前漢多京氏學。後漢戴馮28 孫期29 魏滿30 並傳之費直31 傳易，授瑯琊王璜32 爲費氏學。本以古文，號古文易；無章句，徒以彖象繫辭文言解說上下經。33 漢成帝時，劉向典校書；考易說以爲諸易家說，皆祖田何，楊叔元，丁將軍，大義略同，唯京氏爲異。向又以中古文易經校施，孟，梁丘三家之易，經或脫去無咎悔亡；唯費氏經與古文同。范曄後漢書云：「京兆陳元[34] 扶風馬融，[35] 河南鄭衆[36] 北海鄭玄[37] 潁川荀爽[38] 並傳費氏易。」沛人高相治易，與直同時；其易亦無章句。專說陰陽災異，自言出於丁將軍。傳至相，相授子康，[39] 及蘭陵毋將永，（豫章都尉）爲高氏學。漢初立楊氏易博士。宣帝復立施，孟，梁丘之易。元帝又立京氏易。費高二家不得立，民間傳之。後漢費氏興，而高氏遂微。永嘉之亂，施氏，梁丘之易亡；孟京之易，人無傳者；唯鄭康成王輔嗣所注行於世。[40] 而王氏爲世所重。

1 高氏傳云：「字莊。」漢書儒林傳云：「臨淄人。」

2. 丁寬字子襄。事田何，復從周王孫受古義，作易說三萬言，訓故舉大誼而已。藝文志云：「丁寬易說八篇，爲梁孝王將軍。」

3. 劉向別錄云：「齊人，號服先。」

·国学研究法·
上海民智书局
一九三〇年版

4, 楊何，字叔，一本作字叔元，太中大夫。

5. 施讐字長卿，沛人，爲博士。

6. 張禹字子文，河內軹人，徙家蓮勺。以論語授成帝，官至丞相，安昌候。

7. 魯伯爲會稽太守。

8. 彭宣，字子佩，大司空，長平侯，作易傳。

9. 戴崇，字子平，少府，作易傳。

10 毛莫如，字少路，常山太守，

11 邴丹字曼容。

12 劉昆，字桓公，陳留東昏人。侍中，弘農太守，光祿勳。

13 戴軼，字君文，官至中正。

14 孟喜，字長卿，東海蘭陵人。曲臺署長，丞相掾。

15 洼丹，字子玉，青陽育陽人。世傳孟氏易，作易通論七篇，官至大鴻臚。

16 鮭陽鴻，字孟孫，中山人，官少府。

17 任安字定祖，廣漢緜竹人。

18 梁丘賀，字長卿，琅琊諸人。

19 京房，淄川楊河弟子，字君明，東郡頓邱人。

20 五鹿充宗字君孟，代郡人，少府，玄菟太守。

21 王駿，王吉子，御史大夫。

22 字仲方，博士揚州牧，光祿大夫，給事中，家世傳業。

23 鄧彭祖字長夏，眞定太守。

24 衡咸，字長眉，王莽講學大夫。

25 楊政字子行，左中郎將。

26 張興，字君上，太子少傅。

27 張魴官至張掖屬國都尉。

·国学研究法·
上海民智书局
一九三〇年版

28 戴馮，字次仲，汝南平輿人，侍中兼領虎賁中郎。

29 孫期，字仲奇，濟陰成武人，兼治古文尚書，不仕。

30 魏滿，字叔牙，南陽人，弘農太守。

31 費直，字長翁，東萊人，單父令。

32 王璜，字平仲，又傳古文尚書。

33 七錄云：「直易章句四卷殘缺」

34 陳元，字長孫，司空南閣祭酒，兼傳左氏春秋。

35 馬融，字季長，茂陵人，南郡太守議郎。為易傳，又注尚書，毛詩，禮記，論語。

36 鄭衆，字仲師，大司農。兼傳毛詩，周禮，左氏春秋。

37 鄭玄字康成，高密人。師事馬融，大司農徵不至，還家。凡所注易，尚書，三禮，論語，尚書大傳，五經中候。箋毛氏作毛詩譜。駁許愼五經異議。鍼何休左氏膏肓，去公羊墨守，起穀梁廢疾。休見大慚。

38荀爽，字慈明，官至司空，爲易言。

39高康以明易爲郎。

40江左中興，易唯置王氏博士。太守荀崧奏請置鄭易博士，詔許。値王敦亂，不果立。

濟南伏生[1]授書於濟南張生、千乘歐陽生。[2]生授同郡兒寬。（御史大夫。）寬又從孔安國受業，以授歐陽生之子。[3]歐陽氏世傳業，至曾孫高作尚書章句，爲歐陽氏學。高孫地餘[4]以書授元帝。傳至歐陽歙，[5]歙以上八世皆爲博士。濟南林尊[6]受尚書於歐陽高，以授平當[7]及陳翁生。[8]翁生授殷崇[9]及龔勝。[10]當授朱普[11]及鮑宣。[12]後漢濟陰曹曾[13]受業於歐陽歙，傳其子祉。（河南尹）又陳留陳弇，[14]樂安牟長，[15]並傳歐陽尚書。沛國桓榮，[16]受尚書於朱普，[17]以授漢明帝。遂世相傳，東京最盛。[18]張生[19]授夏候都尉。（魯人）都尉傳族子始昌；[20]始昌傳族子勝。[21]勝從始昌受尚書及洪範五行傳說災異；又事同郡簡卿。簡卿者，兒寬門人。又從

·国学研究法·
上海民智书局
一九三〇年版

歐陽氏問，爲學精熟，所問非一師，善說禮服；受詔撰尚書論語說。[22] 號爲大夏侯氏學。傳齊人周堪，[23] 及魯國孔覇。[24] 覇傳子光。[25] 堪授魯國牟卿，（爲博士）及長安許商[26] 商授沛唐林[27] 及平陵吳章，[28] 重泉王吉，[29] 齊炔欽。[30] 後漢北海牟融亦傳大夏侯尚書夏侯建[31] 師事夏侯勝及歐陽高，左右采獲；又從五經諸儒問與尚書相出入者，牽引以次章句，爲小夏侯氏學。傳平陵張山拊。[32] 山拊授同縣李尋，[33] 及鄭寬中，[34] 山陽張無故，[35] 信都秦恭，[36] 陳留假倉。[37] 寬中授東郡趙玄，（御史大夫）無故授沛唐尊，（王莽太傅，）恭授魯馮賓。（爲博士。）後漢東海王良亦傳小夏侯尚書。漢宣帝本始中，河內女子得泰誓一篇獻之，與伏生所誦合三十篇；漢世行之。然泰誓年月，不與序相應；又不與左傳國語孟子衆書所引泰誓同，馬鄭王肅諸儒皆疑之。漢書儒林傳以爲百兩篇者，出東萊張覇，分析合二十九篇，以爲數十；又采左傳書序爲作首尾，凡百二篇，篇或數簡，文意淺陋。成帝時，劉向校之，非是；後遂黜其書。古文尚書者，孔惠之所藏也。魯恭王壞孔子舊宅，[38]於壁中得之；并禮，論語，孝經，皆科斗文字。博士孔安國[39]以校伏生所誦，爲隸古寫之，增多伏生二十五篇。[40]又伏生誤合五篇，凡五十九篇，爲四十六卷。[41]安國又受詔爲古文尚書傳。值武帝末，巫蠱事起，經籍道息；不獲奏上，藏之私家，[42]以授都尉朝。司馬遷亦從安國問，故遷書多古文說。劉向以中古文校歐陽大小夏候三家經文，脫誤甚衆。[43]都尉朝授膠東庸生；[44]庸生授清河朝常；[45]常授虢徐敖；[46]敖授瑯琊王璜及平陵塗惲。（字子眞），惲授河南乘欽。[47]王莽時，諸學皆立，惲璜等貴顯。范曄後漢書云：「中興，扶風杜林傳古文尚書，賈逵[48]爲之作訓，馬融作傳，鄭玄注解，由是古文尚書遂顯於世。」案今馬鄭所注，並伏生所誦，非古文也。孔子之本絕，是以馬鄭杜預之徒，皆謂之逸書。王肅亦注今文，而解大與古文相類，或肅私見孔傳而秘之乎？江左中興，元帝時豫章內史枚賾[49]奏上孔傳古文尚書；亡舜典一篇，購不能得；乃取王肅

·国学研究法·
上海民智书局
一九三〇年版

注堯典從眘徽五典以下，分爲舜典篇以續之；[50] 學徒遂盛。後范甯[51] 變爲今文集注，俗間或取舜典篇以續孔氏。齊明帝建武中，吳興姚方興采馬王之注，造孔傳舜典一篇，云於大航頭買得，上之。梁武帝時爲博士；議曰：『孔序稱伏生誤合五篇，皆文相承接，所以致誤。舜典首有「曰若稽古，」伏生雖昏耄，何容合之？』遂不行用。漢始立歐陽尚書，宣帝復立大小夏侯博士，平帝立古文。永嘉喪亂，衆家之書並滅亡；而古文孔傳始興，置博士。鄭氏亦置博士一人。近唯崇古文，馬鄭王注遂廢。今以孔氏爲正，其舜典一篇，仍用王肅本。

1. 伏生名勝，故秦博士。
2. 歐陽生字伯和，千乘人。
3. 歐陽，大小夏侯尚書皆出於寬。
4. 歐陽地餘，字長賓，侍中少府。

5. 歐陽歙，字正思，後漢大司徒。

6. 林尊，字長賓，爲博士。論石渠，官至少府，太子太傅。

7. 平當字子思，下邑人，徙平陵，官至丞相，封侯。子晏，亦明經，至大司徒。

8. 陳翁生，梁人，信都太傅，家世傳業。

9. 殷崇，琅琊人，爲博士。

10 龔勝，字君賓，楚人，右扶風。

11 朱普字公文，九江人，爲博士。

12 鮑宣，字子都，渤海人。官至司隸。

13 曹曾字伯山，諫議大夫。

14 陳弇，字叔明。受業於丁鴻。

15 牟長，字君高，河內太守，中散大夫。

16 桓榮字春卿，太子太傅，太常五更，關內侯。

17 東觀漢紀云「榮事九江朱文」文卽普字，

18 漢紀云門生爲公卿者甚衆，學者慕之以爲法。榮子郁以書授章帝，官至侍中太常。郁子焉，復以書授安帝。官至太子太傅太尉。

19 張生，濟南人，爲博士。

20 始昌通五經，以齊詩尙書教授，爲昌邑太傅。

21 勝字長公。後漢東平長信少府，太子太傅

22 藝文志：「夏侯勝尙書章句二十九卷」

23 周堪字少卿太子少傅光祿勳。

24 孔霸字次孺，孔子十三世孫。爲博士，以書授元帝。官至大中大夫，關內侯，號褒成君。

25 光字子夏，丞相博山侯。光又事牟卿。

26 許商字伯長，四至九卿。善算，著五行論。

27 唐林字子高，王莽時爲九卿。

·国学研究法·

上海民智书局

一九三〇年版

28 吳章字偉臣，王莽時博士。

29 王吉字少音，王莽時爲九卿。

30 齊炔欽字幼卿，王莽時博士。

31 夏侯建字長卿，勝從兄子，爲博士議郎太子少傅。

32 張山拊，字長賓，爲博士，論石渠，官至少府。

33 李尋字子長，騎都尉。

34 鄭寬中字少君。爲博士，授成帝。官至光祿大夫，領尚書事，關內侯。

35 張無故，字子孺，廣陵太傅。

36 秦恭，字延君，城陽內史。

37 假倉，字子膠，以謁者論石渠，至膠東相。

38 魯恭王，名餘，漢景帝程姬之子。封於魯，謚恭王。

39 孔安國，字子國，魯人，孔子十二世孫。受詩於魯申公。官至諫議大夫，臨淮太守。

40 藝文志云：「多十六篇。」

41 藝文志云：「尙書古文經四十六卷五十七篇。」

42 安國並作古文論語，古文孝經傳。藝文志云：「安國獻尙書傳，遭巫蠱事，未列於學官。」

43 藝文志：「酒誥脫簡一，召誥脫簡二文異者七百有餘，脫字數十。」

44 庸生，名譚，亦傳論語。

45 朝常字少子，以明穀梁春秋爲博士，至部刺史，又傳左氏春秋。

46 徐敖，右扶風掾，又傳毛詩。

47 乘欽字君長。一本作桑欽。

48 賈逵字景伯，扶風人，左中郎將侍中。

49 枚賾，字仲眞，汝南人。

50 孔序謂：伏生以舜典合於堯典。孔傳堯典止於「帝曰欽哉」而馬鄭王之本同爲堯典，故取爲舜典。

·国学研究法·
上海民智书局
一九三〇年版

第二卷 经学通论

经典释文叙录

51范寧，字武子。順陽人。東晉豫章太守。兼注穀梁。

漢興，傳詩者有四家：魯人申公，[1]受詩於浮丘伯，以詩經爲訓故以敎，無傳；疑者則闕不傳，號曰魯詩，弟子爲博士者十餘人。郎中令王臧，（蘭陵人，）御史大夫趙綰，（代人，）臨淮太守孔安國，膠西內史周覇，城陽內史夏寬，東海太守魯賜（碭人，）長沙內史繆生，（蘭陵人，）膠西中尉徐偃，膠東內史闕門慶忌，（鄒人，）皆申公弟子也。申公本以詩春秋授，瑕丘江公盡能傳之，徒衆最盛。魯許生，免中徐公皆守學敎授。丞相韋賢受詩於江公及許生，傳子玄成。[2]又王式[3]受詩於免中徐公及許生，以授張生長安[4]及唐長賓，[5]褚少孫。[6]張生兄子游卿（諫大夫，）以詩授元帝，傳王扶，[7]扶授許晏。[8]又薛廣德[9]受詩於王式，授龔舍。[10]齊人轅固生，[11]作詩傳，號齊詩；傳夏侯始昌，始昌授后蒼，[12]蒼授翼奉[13]及蕭望之，[14]匡衡。[15]衡授師丹[16]及伏理，[17]滿昌；[18]昌授張邯（九江人，）及皮容，（琅琊人，）皆至大

·国学研究法·
上海民智书局
一九三〇年版

官，徒衆尤盛。後漢陳元方亦傳齊詩。燕人韓嬰[19]推詩之意作內外傳數萬言，號曰韓詩；淮南賁生受之武帝時，嬰與董仲舒論於上前仲舒不能難。[20]其孫商爲博士，孝宣帝時，涿韓生其後也。河內趙子事燕韓生，授同郡蔡誼，[21]誼授同郡食子公（爲博士）及琅琊王吉。[22]子公授太山栗豐，（部刺史）吉授淄川長孫順，（爲博士）豐授山陽張就，順授東海髮福並至大官。藝文志云：『齊韓詩或取春秋，采雜說，咸非其本義；魯最爲近之。』毛詩者，出自毛公；河間獻王好之。徐整[23]云：『子夏授高行子，高行子授薛倉子，薛倉子授帛妙子，帛妙子授河間人大毛公。毛公爲詩古訓，傳於家，以授趙人小毛公。（名萇，）小毛公爲河間獻王博士，以不在漢朝，故不列於學。』一云：『子夏傳曾申，[24]申傳魏人李克，克傳魯人孟仲子，[25]孟仲子傳根牟子，根牟子傳趙人孫卿子，孫卿子傳魯人大毛公。』漢書儒林傳云：『毛公，趙人；治詩，爲河間獻王博士；授同國貫長卿，長卿授解延年，[26]延年授虢徐敖，敖授九江[27]陳俠。或云：「陳俠傳謝曼卿。」元始五年，公車徵說詩。後漢鄭衆賈逵傳毛詩；馬融作毛詩注；鄭玄作毛詩箋申明毛義，難三家；於是三家遂廢矣。魏太常王肅更述毛非鄭，荆州刺史王基[28]駁王肅，申鄭義。晉豫州刺史孫毓[29]爲詩評，評毛鄭王肅三家同異朋於王；徐州從事陳統（字元方）難孫申鄭；宋徵士鴈門周續之，[30]豫章雷次宗，[31]齊沛國劉瓛並爲詩序義。前漢魯韓齊三家詩，列於學官。平帝世，毛詩始立。齊詩久亡，魯詩不過江東，韓詩雖在，人無傳者。惟毛詩鄭箋獨立國學；今所遵用。

1. 申公亦謂申培公，楚王太傅。武帝以安車蒲徵之，時申公年八十餘，以爲大中大夫。
2. 韋賢字長孺，玄成字少翁，父子並爲丞相，封伏陽侯。又治禮，論語，玄成兄子賞，以詩授哀帝，大司馬車騎將軍。
3. 王式，字翁思，東平新桃人，昌邑王師。

·国学研究法·
上海民智书局
一九三〇年版

國學研究

4. 名長安，字幼君，山陽人。爲博士，論石渠，至淮陽中尉。

5. 唐長賓，東平人。爲博士，楚王太傅。

6. 褚少孫，沛人。爲博士，卽續史記褚先生。

7. 王扶，瑯邪人，泗水中尉。

8. 許晏，陳留人，爲博士。

9. 薛廣德，字長卿，沛國相人。御史大夫。

10. 龔舍，字君倩，楚國人。太山太守。

11. 轅固生，漢景帝時爲博士，至清河太守。

12. 后蒼，字近君，東海郯人。通詩禮，爲博士，至少府。

13. 翼奉，字少君，東海下邳人。爲博士諫大夫。

14. 蕭望之，字長倩，東海蘭陵人。御史大夫，前將軍。衆傳論語。

15. 匡衡，字稚圭，東海承人。丞相樂安侯，子咸亦明經，歷九卿，家世爲博士，

16 師丹，字公仲，琅邪人。大司空。

17 伏理，字游君。高密太傅，家世傳業。

18 滿昌，字君都，潁川人。詹世。

19 韓嬰，漢文帝時爲博士，至常山太傅。

20 嬰又爲易傳，燕趙間好詩，故其易微，惟韓氏自傳之。

21 蔡誼以詩授昭帝，至丞相，封侯。

22 王吉，字子陽，王駿父，昌邑中尉諫大夫。吉兼五經，能爲鄒氏春秋，以詩論教授。

23 徐整，字文操，豫章人。吳太常卿。

24 曾申，字子西，魯人。曾參之子。

25 孟仲子，鄭玄詩譜云「子思之弟子」。

26 解延年，齊人，爲阿武令。

27 陳俠，王莽講學大夫。

·国学研究法·
上海民智书局
一九三〇年版

28 王基字伯輿，東萊人。

29 孫毓，字休郎，北海平昌人長沙太守。

30 周續之字道祖，與雷次宗俱事廬山惠遠法師。

31 雷次宗，字仲倫宋通直郎，徵不起。

漢興，有魯高堂生傳士禮十七篇，即今之儀禮也。而魯徐生善爲容，孝文時爲禮大官夫，景帝時，河間獻王好古得古禮獻之。[1] 或曰：『河間獻王開獻書之路，時有李氏上周官五篇，失冬官一篇；乃購千金不得，取考工記以補之。』瑕丘蕭奮以禮至淮陽太守，授東海孟卿，（孟喜父）卿授同郡后蒼及魯閭丘卿。其古禮經五十六篇，蒼傳十七篇，所餘三十九篇以付書館，名爲逸禮。蒼說禮數萬言，號曰后蒼曲臺記。[2] 孝宣之世，蒼爲最明，蒼授沛聞人通漢[3] 及梁戴德，[4] 戴聖，[5] 沛慶普；[6] 由是禮有大小戴慶氏之學。普授魯夏侯敬，又傳族子咸；（豫章太守）大戴授瑯邪徐良；7 小戴授梁人橋仁，8 及楊榮。9 王莽時，劉歆爲國師，始建立周官經以爲周禮。河南緱氏杜子春受業於歆，還家以教門徒。好學之士鄭興父子10 等，多往師之。賈景伯亦作周禮解詁。禮記者，本孔子門徒共撰所聞以爲此記，後人通儒，各有損益；故中庸是子思伋所作，緇衣是公孫尼子所制。鄭玄云：『月令是呂不韋所撰。』盧植11 云：『王制是漢時博士所爲。』陳邵12 周禮論序云：『戴德刪古禮二百四十篇爲八十五篇，謂之大戴禮。戴聖刪大戴禮爲四十九篇，是爲小戴禮』。13 後漢馬融，盧植，考諸家同異，附戴聖篇章，去其繁重，及所敍略，而行於世，卽今之禮記是也。鄭玄亦依盧馬之本而注焉。范曄後漢書云：「中興，鄭衆傳周官經，後馬融作周官傳，授鄭玄，玄作周官注。14 玄本治小戴禮；後以古經校之，取其義長者，故爲鄭氏學。玄又注小戴所傳禮記四十九篇，通爲三禮焉。漢初立高堂生禮博士，後又立大小戴慶氏三家。王莽又立周禮。後漢三禮皆立博士。今慶氏曲臺久亡，大戴無傳學者,惟鄭注周禮儀禮記並列學官。而喪服一篇,又別行於世。今三禮俱以鄭爲主。

1. 鄭玄六藝論云:「後得孔子壁中河間獻王古文禮五十六篇,記百三十一篇,周禮六篇共十七篇,與高堂生所傳同而字多異。」劉向別錄云:「古文記二百四篇。」藝文志曰:「古禮經五十六篇,出於魯淹中。」
2. 在曲臺校書著記,因以爲名。
3. 字子方,以太子舍人論石渠,至中山中尉。
4. 戴德,字延君。號大戴,信都太傅。
5. 戴聖,字次君。號小戴,以博士論石渠,至九江太守。
6. 慶普,字孝公,東平太傅。
7. 徐良字斿卿,爲博士,州牧,郡守,家世傳業。
8. 橋仁,字季卿,大鴻臚,家世傳業。

·国学研究法·
上海民智书局
一九三〇年版

9. 楊榮，字子孫，琅琊太守。
10 鄭興，字少贛，河南人，後漢大中大夫，子衆已見，並作周禮解詁。
11 盧植字子幹，涿郡人，後漢北中郎將，九江太守。
12 陳邵，字節長，下邳人，晉司空長史。
13 漢劉向別錄有四十九篇，其篇次與禮記同名，為他家書拾撰所取，不可謂之小戴禮。
14 鄭注引杜子春鄭大夫鄭司農之義。鄭玄三禮目錄云：「二鄭信同宗之大儒，今贊而辯之。」

春秋有公羊，[1] 穀梁，[2] 鄒氏，[3] 夾氏之傳。鄒氏無師，夾氏有錄，無書，故不顯於世。漢興，齊人胡母生，[4] 趙人董仲舒，[5] 並治公羊春秋。蘭陵褚大，（梁相）東平嬴公。（諫大夫）廣川段仲溫，呂步舒，[6] 皆仲舒弟子。嬴公守學，不失師法，授東海孟卿及魯眭弘。[7] 弘授嚴彭祖[8] 及顏安樂，[9] 由是公羊有嚴顏之學。弘弟子百餘人；常曰：『春秋之意在二子矣。』彭祖授琅邪王中，[10] 中授同郡公孫文[11] 及東門雲；

·国学研究法·
上海民智书局
一九三〇年版

（荆州刺史）安樂授淮陽泠豐[12]及淄川任翁；（少府）豐授大司徒馬宮[13]及瑯琊左咸。[14]始貢禹[15]事嬴公而成於眭孟；以授潁川堂谿惠；惠授泰山冥都。（丞相史）又疏黃[16]事孟卿，以授瑯琊筦路；筦路及冥都又事顏安樂；路授大司農孫寶。[17]瑕丘江公受穀梁春秋及詩於魯公；武帝時爲博士，[18]使與董仲舒論。江公吶於口，而丞相公孫弘本爲公羊學，比輯其義，卒用董生。於是上因尊公羊家，詔太子受。衛太子復私問穀梁而善之；其後寖微。惟魯榮廣（字王孫）浩星公二人受焉。廣盡能傳其詩春秋。蔡千秋，[19]梁周慶，（字幼君）丁姓[20]皆從廣受；千秋又事浩星公，爲學最篤。宣帝卽位，聞衛太子好穀梁，乃詔千秋與公羊家並說，上善穀梁說。後又選郞十人，從千秋受。會千秋病死，徵江公孫爲博士。詔劉向受穀梁，欲令助之。江博士復死，乃徵周慶丁姓待詔，使卒授十人，十餘歲，皆明習。乃召五經名儒太子太傅蕭望之等大議殿中，平公羊穀梁同異。[21]望之等多從穀梁，由是大盛。慶姓皆爲博士，姓授楚申章昌曼君。22 初尹更始23 事蔡千秋，又受左氏傳，取其變理合者，以爲章句傳子咸（大司農）及翟方進，24 房鳳。25 始江博士授胡常，常授梁蕭秉，（字君房）王莽時爲講學大夫。

1. 公羊高，齊人子夏弟子。
2. 穀梁赤，魯人。七錄云名淑，字元始。風俗通云，子夏門人。
3. 王吉善鄒氏春秋。
4. 胡毋生，字子都。漢景帝時爲博士，年老歸教於齊。齊之言春秋者宗事之。公孫弘亦頗受焉。
5. 董仲舒，官至江都膠西相。
6. 呂步舒官丞相長史。
7. 眭弘，字孟，符節令。
8. 嚴彭祖，字公子，東海下邳人。爲博士，至左馮翊太子太傅。
9. 顏安樂字翁孫，魯國薛人。爲魯郡太守丞。

·国学研究法·
上海民智书局
一九三〇年版

10 王中官少府，家世傳業。

11 公孫文，東平太傅，徒衆甚衆。

12 冷豐字次君，淄川太守。

13 馬宮字游卿，東海戚人。封扶德侯。

14 左咸，官郡守九卿，徒衆甚盛。

15 貢禹，字少翁，琅琊人。官御史大夫。

16 疏廣字仲翁，東海蘭陵人。官太子太傅。

17 孫寶，字子嚴，潁川鄢陵人。

18 傳子及孫，皆爲博士。

19 蔡千秋，字少君。諫大夫，郎中戶將。

20 丁姓，字子孫，官至中山太傅。

21 時公羊博士嚴彭祖，侍郎申輓，伊推，宋顯，穀梁議郎尹更始，待詔劉向周慶丁姓並論。

22 昌曼君爲博士，至長沙太傅。

23 尹更始，字翁君，汝南邵陵人。議郎，諫大夫，長樂戶將。

24 翟方進，字子威，汝南上蔡人。丞相，封侯。

25 房鳳，字子元，琅琊石其人。光祿大夫，五官中郎將，青州牧。

左丘明作傳，以授曾申；申傳衞人吳起；（魏文侯相）起傳其子期；期傳楚人鐸椒；（楚大夫）椒傳趙人虞卿；（趙相）卿傳同郡荀卿名況；況傳武威張蒼；1 蒼傳洛陽賈誼；2 誼傳至其孫嘉；嘉傳趙人貫公；3 貫公傳其少子長卿；（蕩陰令）長卿傳京兆尹張敞，4 及侍御史張禹。5 禹數爲御史大夫蕭望之言左氏，望之善之，薦禹徵待詔，未及問，會病死。禹傳尹更始，更始傳其子咸及翟方進，胡常；常授黎陽賈護；6 護授蒼梧陳欽。7 漢書儒林傳云：『漢興，北平侯張蒼及梁太傅賈誼，京兆尹張敞，大中大夫劉公子，皆修春秋左氏傳。』始劉歆8 從尹咸及翟方進受

·国学研究法·
上海民智书局
一九三〇年版

左氏。[9] 由是言左氏者本之賈護，劉歆，歆授扶風賈徽，[10] 徽傳子逵，逵受詔列公羊穀梁不如左氏四十事奏之名曰左氏長義，章帝善之。逵又作左氏訓詁；司空南閤祭酒陳元作左氏同異；大司農鄭衆作左氏條例章句；南郡太守馬融爲三家同異之說。京兆尹延篤[11] 受左氏於賈逵之孫伯升，因而注之。汝南彭汪（字仲博）記先師奇說及舊註。大中大夫許淑，[12] 九江太守服虔，[13] 侍中孔嘉，[14] 魏司徒王朗，[15] 荆州刺史王基，大司農董遇，徵士燉煌周生烈並注解左氏傳。梓潼李仲欽著左氏指歸。陳郡穎容[16] 作春秋條例。又何休[17] 作左氏膏肓，公羊墨守，穀梁廢疾。鄭康成鍼膏肓，發墨守，起廢疾。自是左氏大興。漢初立公羊博士，宣帝又立穀梁，平帝始立左氏。後漢建武中以魏郡李封爲左氏博士，羣儒蔽固者數廷爭之。及封卒，因不復補。和帝元興十一年，鄭興父子奏上左氏，乃立於學官，仍行於世。迄今遂盛行，二傳漸微。[18] 左氏今用杜預注，公羊用何休注，穀梁用范甯注。

1. 張蒼，漢丞相，北平侯。
2. 賈誼，長沙梁王太傅。
3. 漢書云：賈誼授貫公爲河間獻王博士。
4. 張敞，字子高，河南平陽人，徙杜陵人。
5. 張禹，字長子，清河人。
6. 賈護，字季君。哀帝時待詔爲郎。
7. 陳欽，字子佚。以左氏授王莽，至將軍。
8. 劉歆，字子駿，向之子。王莽國師。
9. 哀帝時，歆與房鳳王龔欲立左氏。爲師丹所奏不果。平帝世始得立。
10 賈徽字元伯。後漢潁陰令。作春秋條例二十一卷。
11 尹延篤，字叔堅，南陽人。
12 許淑，字惠卿，魏郡人。

·国学研究法·

上海民智书局

一九三〇年版

13 服虔，字子慎，河南人。

14 孔嘉，字山甫，扶風人。

15 王朗，字景興，肅之父。

16 潁容，字子嚴。後漢公車徵，不就。

17 何休字邵公，任城人。後漢諫大夫。

18 江左中興，立左氏傳杜氏服氏博士。太常荀崧奏請立二傳博士。詔許立公羊，云穀梁膚淺，不足立博士。王敦亂，竟不果立。

河間人顏芝傳孝經，是爲今文。長孫氏，博士江翁，少府后蒼，諫大夫翼奉，安昌侯張禹傳之，各自名家，凡十八章。又有古文出於孔氏壁中，別有閨門一章，自餘分析十八章，總爲二十二章，孔安國作傳。劉向校書，定爲十八。後漢馬融亦作古文孝經傳，而世不傳。世所行鄭注，相承以爲鄭玄。案鄭志及中經簿無，惟中朝穆帝集講孝經云：『以鄭玄爲主。』檢孝經注，與康成注五經不同，未詳是非。[1] 古文孝經世既不行，今隨俗用鄭注十八章本。

1. 江左中興，孝經論語共立鄭氏博士一人。

漢興傳論語者則有三家。魯論語者，魯人所傳；卽今所行篇次是也。常山都尉龔奮，長信少府夏侯勝，丞相韋賢及其子玄成，魯扶卿，太子少傅夏侯建，前將軍蕭望之並傳之，各自名家。齊論語者，齊人所傳；別有問王知道二篇，凡二十二篇，其二十二篇中章句頗多於魯論。昌邑中尉王吉，少府宋畸，瑯琊王卿，御史大夫貢禹，尙書令五鹿充宗，膠東庸生並傳之。惟王陽名家。古論語者出自孔氏壁中，凡二十一篇，有兩子張；[1] 篇次不與齊魯論同；[2] 孔安國爲傳，後漢馬融亦注之。安昌侯張禹受魯論於夏侯建，又從庸生王吉受齊論；擇善而從，號曰張侯論，最後而行於漢世。禹以論授成帝，後漢包咸，[3] 周氏（不詳何人）並爲章句，列於學官。鄭玄就魯論張包周之篇章，考之齊古，爲之注焉。魏吏部尚書何晏集孔安國包咸周氏馬融鄭玄陳羣[4]王肅周生烈[5]之說，幷下己意，爲集解。正始中，上之，盛行於世，今猶爲主。

1. 如淳云：分堯曰篇後「子張問如何可以從政」以下爲篇，名曰從政。
2. 新論云：「文異者四百餘字」。
3. 包咸字子長，吳人，大鴻臚。
4. 陳羣，字長文，潁川人，魏司空。
5. 周生烈，字文逢，燉煌人，魏博士，侍中。

詁經文鈔序（研六室文集）

胡培翬

經學莫盛於漢。自文帝置論語孝經孟子爾雅博士，其後增立五經博士，[1]傳業寖廣；一經說至百萬言，大師衆至千餘人，可謂盛矣。然諸儒講論六藝之文章尟

·国学研究法·
上海民智书局
一九三〇年版

傳焉，以無裒集之者故也。漢儒説經各有家法，不爲嚮壁虛造之談。歷魏晉，至隋唐，遵循勿失。宋時周程張朱諸子講明義理，而名物制度猶必以漢儒爲宗，逮至元明，講章時文之習勝，率多高心空腹，束書不觀，而經術日衰矣。我國家重熙累洽，列聖相承，尊經重學，頒御纂欽定之書於天下。[2] 而又廣開四庫，[3] 搜羅秘逸；兩舉鴻博，[4] 一舉經學；[5] 天下之士，靡然嚮風。

二百年來，專門名家者：於易，有半農定宇惠氏父子；[6] 於書，有艮庭江氏，[7] 西莊王氏；[8] 於詩，有長發陳氏；[9] 於春秋，有復初顧氏；[10] 於公羊，有顨軒孔氏；[11] 於禮，有稷若張氏，[12] 愼修江氏，[13] 易疇程氏；[14] 於爾雅，説文，音韵，有亭林顧氏，[15] 東原戴氏，[16] 二雲邵氏，[17] 懋堂段氏。[18] 石臞王氏；[19] 於諸經言天文，則勿庵梅氏；[20] 言地理，則東樵胡氏，[21] 百詩閻氏；[22] 言金石文字，則竹汀錢氏。[23] 其讀書卓識超出前人，自闢途徑，爲歷代諸儒所未及者約有數端：

·国学研究法·
上海民智书局
一九三〇年版

一曰辨羣經之僞。如胡氏之易圖明辨，辨河圖，洛書，先天，後天各圖，非易書本有。王氏之白田雜著，[24] 辨周易本義前九圖非朱子所作。閻氏古文尚書疏證，惠氏古文尚書考辨東晉晚出之古文孔傳爲梅賾僞託，毛氏詩傳詩說駁議，[25] 辨子貢傳，申培說，爲豐坊僞撰是也。

一曰存古籍之眞。如易經二篇，傳十篇，本自別行。王弼作注，始分傳坿經。朱子本義復古十二篇。明時修大全，用程傳本，以本義坿之。後坊刻去程傳，專存本義，仍用程傳本，而朱子書亦失其舊。自御纂周易折中改從古本，學者始見眞面目。惠氏周易本義辨証詳言之。又如竹君朱氏之倡刋說文始一終亥之本；[26] 通志堂抱經堂之校刋經典釋文全書是也。[27]

一曰發明微學。惠氏之易漢學，周易述；張氏之周易虞氏義，虞氏消息；[28] 王氏之廣雅疏證；段氏之說文注；黃梨州，[29] 梅勿菴之本周髀言天文；邵二雲之重疏爾雅；焦里堂之重疏孟子是也。[30]

一曰廣求遺說。余氏之古經解鉤沈；[31]任氏之小學鉤沈；[32]邵氏之韓詩內傳考；洪氏之輯鄭賈服諸家說爲左傳詁；[33]臧氏之輯儀禮喪服馬王注，禮記盧植解詁，月令蔡邕章句，爾雅古注；是也。[34]

一曰駁正舊解。江氏之深衣考誤，辨深衣非六幅交解爲十二幅；鄉黨圖考，辨治朝本無屋無堂。顧亭林左傳杜解補正，顧復初春秋大事表，皆糾杜注諒闇短喪之謬。戴東原聲韻考，以轉注爲互訓，歷指前人解釋之誤；是也。

一曰創通大義。顧氏之音學五書分十部，江氏之古韻標準分十三部，段氏之六書音韻表分十七部，以考古音。王尚書之經傳釋詞，標舉一百六十字，以明經傳中語詞非實義。凌教授之禮經釋例，分通例，飲食例，賓客例，射例，變例，祭例，器服例，雜例，以言禮之節文等殺；[35]是也。

·国学研究法·
上海民智书局
一九三〇年版

凡此皆本朝經學之卓卓者。其他閉戶研求，以其所得，筆之於書，不可殫述：蓋惟上有稽古同天之聖人，而後下之服習者衆，彬彬乎超軼兩漢也。諸儒所注羣經，成書具在，而其散見於文集者：或與友朋辨論經義；或剖析古今疑旨；或所注之經，句詮字釋，關涉大義者，别爲文發之。又有札記之書，所釋非一經，經不數條；顧較通釋全經者，時有創獲。裒而集之，誠通經之軌轍矣。然而諸儒著述，散在人間，爲類甚繁；非博聞多識好學深思之君子，未易攬其全，集其成也。

涇縣朱蘭坡先生以許鄭之精研，兼馬班之麗藻，出入承明金馬著作之庭二十餘年。內府圖籍外間所未見者，輒錄副本。又性好表章遺逸，宏奬士類；四方著述未經刊布者，多求審定。先世培風閣藏書最審，而其萬卷齋所得秘本尤多。於是博采本朝說經之文，覈其是非，勘其同異，分類編錄，名曰詁經文鈔。凡易八卷，書八卷，詩八卷，春秋八卷，周禮十卷，儀禮五卷，禮記五卷，三禮總義十卷，論語孟子附羣經義共五卷，爾雅一卷，說文一卷，音韻一卷，總七十卷；續鈔又已積二十卷。其文多鈔自諸家集中，而解經之書，有分段箋釋，自成篇章者，亦同錄入。尋其義例，宗主漢儒；惟取徵實之文，不取空蹈之論。至於一事數說，兼存幷載，以資考證。蓋欲讀者因文通經，非因經存文也。然而諸家撰著之精，亦藉是萃聚，不致散逸矣。培翬曩歲在都，追陪講論，飫聞大旨。今獲覩是書之成，奉命作序。自慚膚末，無裨高深；惟敬述我朝經學之盛，與是書所以嘉惠藝林之意，揭之於篇，以諗來者。儻有好而梓之，廣其傳布，則後進獲益無窮；不朽之業，實在於斯，所深企焉。

---

1. 趙岐孟子題詞「文帝欲廣遊學之路，論語孝經孟子爾雅皆置博士。後罷傳記博士，祇立五經而已。」又，王應麟困學紀聞「文帝時申公韓嬰以詩爲博士。五經列於學官者，唯詩而已。景帝以轅固生以博士，而餘經未立。武帝建元五年春初置五經博士。儒林傳贊曰：帝武立五經博士；書唯有歐陽，禮后，易楊，春秋公羊而已。立五經而獨舉其四，蓋詩已立於文帝時，今併

·国学研究法·
上海民智书局
一九三〇年版

詩爲五也。」

2. 清聖祖康熙間有欽定春秋傳說彙纂，欽定詩經傳說彙纂，欽定書經傳說彙纂等。高宗乾隆間有御纂周易折中，御纂詩義折中，御纂春秋直解等。

3. 清乾隆三十八年開四庫全書館，徵求天下書籍，以紀昀陸錫熊等爲總纂官。乾隆四十七年，全書告成，計共三萬六千餘册。分繕七分，建七閣以藏之。文淵閣在文華殿後，文源閣在圓明園，文溯閣在奉天行宮，文津閣在熱河避暑山莊。又以江浙爲人文淵藪，建文滙閣於揚州，文宗閣於鎮江，文瀾閣於杭州，各藏一分。

4. 康熙十八年召試博學鴻詞，取五十人，分別授職。乾隆元年召試博學鴻詞，取十五人；次年又補試，取四人，授官有差。

5. 乾隆十五年詔舉經明行修之士，惠士奇等被薦。

6. 惠士奇，字天牧，一字仲孺，晚年自號半農居士。邃於經學，撰易說禮說春秋說等。惠棟字定宇，士奇次子。貫通諸經，尤深於易。撰易漢學八卷，周易述二十三卷，又九經古義二十二卷，古文尙書考二卷。

7. 江聲號艮庭，清江蘇吳江人。師事惠定宇。著有尙書集註音疏及六書說等。

8. 王鳴盛字鳳喈，一字禮堂，别字西莊，清江蘇嘉定人。鑽研尙書數十年。撰尙書後案二十卷及十七史商榷，蛾術篇各百卷。

9. 陳啓源，字長發，清江蘇吳江人。著毛詩稽古編三十卷，訓詁一準爾雅，篇義一準小序，詮釋經旨一準毛傳，而以鄭箋佐之。題曰「毛詩」，明所宗也。

10 顧棟高字復初，清江蘇無錫人。康熙進士。於五經多有發明，尤好春秋左氏學，著春秋大事表，數十年始成。

11 孔廣森字衆仲，號撝約，又號顨軒，清山東曲阜人。乾隆進士。博涉諸經，尤長春秋，著春秋公羊通義十一卷。

12 張爾岐字稷若，清山東濟陽人。精於三禮，著儀禮鄭注句讀十七卷，及夏小正註，弟子職註等書。

·国学研究法·
上海民智书局
一九三〇年版

13 江永字愼修，清安徽婺源人。精於律數聲韻及三禮之學。著述甚富，有禮經綱目，周禮疑義舉要，禮記訓義釋言，深衣考誤，律呂闡微，音學辨微等書。

14 程瑤田字易田，又字易疇，清安徽歙縣人。乾隆舉人，嘉定縣教諭。嘗學於江永。篤志著述，尤精於禮。著有儀禮喪服足徵記，宗法小記，考工創物小記等。

15 顧炎武，初名絳，字寧人。號亭林，明末崑山人。精於音韻之學，著音論，易音，詩本音，唐韻正，古音表，合稱「音學五書」。又著天下郡國利病書，日知錄等。

16 戴震，字東原，清休寧人，乾隆舉人，四庫全書纂修官。精小學，著聲韻考，聲類表，孟子字義疏證等書。

17 邵晉涵，字與桐，一字二雲，清浙江餘姚人。精訓詁之學，著有爾雅正義二十卷，及韓詩內傳攷，五代史考異等。

18 段玉裁，字懋堂，清金壇人。乾隆舉人。精聲音訓詁之學，著有說文解字注等書。

19 王念孫字懷祖，號石臞。注釋爾雅日以三字爲率，十年成書二十卷，名曰廣雅疏證。

20 梅文鼎，字定九，又字勿庵，清安徽宣城人。精於天文歷算，所著天算之書八十餘種。

21 胡渭，字朏明，一字東樵，清浙江德清人。精地理之學，嘗與顧祖禹等纂修一統志，又著禹貢錐指二十卷，卌圖數十篇。又著易圖明辨十卷，辨易無所用圖，先天後天之說無據。

22 閻若璩，字百詩，清太原人。精深經史，長於辨證。著有古文尚書疏證，四書釋地等。

23 錢大昕，字曉徵，又字辛楣，號竹汀，清江蘇嘉定人。乾隆進士，官至少詹士。博通經史，著作甚富，有廿二史攷異，元史藝文志，金石文跋尾，十駕齋養新錄等。

24 白田雜著八卷，清王懋竑撰，所載皆辨證之文。

25 毛奇齡，字大可，學者稱西河先生，清初蕭山人。博覽經籍，於學無所不窺。說經好辨駁，每與宋儒爲難。

26 朱筠，字竹君，一字美叔，學者稱笥河先生，清順天大興人。乾隆進士，官安徽學政。在皖以識字通經誨士，序刊宋槧許氏說文，廣布學宮。

27 通志堂，清納成蘭德廳事名。抱經堂，清盧文弨廳事名。

·国学研究法·
上海民智书局
一九三〇年版

28 張惠言，字臯文，江蘇武進人。治易專主虞氏，著周易虞氏義，虞氏消息等。

29 黃宗羲，字太冲，號梨洲，明末浙江餘姚人。明亡，奔走救國無成，乃隱居講學。著宋元學案，明儒學案爲中國學術史之要籍。天文則有大統法辨，割圜八綫解，時憲書法解新等。

30 焦循，字理堂，清江蘇甘泉人。乾隆舉人。所著說經之書，孟子正義六經補疏等二十餘種。

31 余蕭客字仲林，江蘇吳縣人。師事惠松崖。博採唐以前經說撰爲古經解鉤沈三十卷。

32 任大椿，字幼植，清江蘇興化人。精於小學，著有小學鉤沈，字林考逸等。

33 洪亮吉字君直，一字稚存，江蘇陽湖人，治經深於左氏春秋，採取鄭玄，賈逵服虔諸家之說爲左傳詁。

34 臧庸，字西成，清江蘇武進人。著拜經日記，輯爾雅古注，盧植禮記解詁等。

35 凌廷堪，字仲子，清安徽歙縣人。乾隆進士，官寧國府學教授。於學無所不窺，尤專攻於禮學，著禮經釋例十卷，校禮堂文集三十六卷。

中國經書之分析（清華學報）　陸懋德

吾國學者凡語及經書，卽覺其有「神聖不可侵犯」之勢力；故中國所謂經者，其名詞實爲近時歐美各國所未有也。然因何而謂之曰經？自古至今，尙無人能爲切實之解釋。近時學者章炳麟先生精於訓詁，嘗謂「經卽是一根線；所謂經書，只是一種線裝書」[1] 余昔聞其說而甚以爲不然也。夫以著作稱經，在周末已見於管子墨子莊子荀子等書，知其由來久矣（詳見下節）。今人所謂經書者，大抵皆爲周代人士所纂述之書籍，而周代人士所謂書籍者，又大抵皆用竹簡爲著錄之材料。晉書束晳傳稱汲郡魏王家發現竹簡穆天子傳，[2] 齊書文惠太子傳稱襄陽楚王家發現竹簡攷工記，[3] 此其明證也。周秦之時，尙無紙張，故用竹簡編以竹簡而累積之，則謂之書。古書不但不稱幾本，且不稱幾卷。當時凡書皆謂之册；册者

·国学研究法·
上海民智书局
一九三〇年版

古文，[4]作卌卽象竹簡編貫之形也。司馬遷稱：「孔子讀易，韋編三絕，」[5]抱朴子稱：「孔子讀易，鐵撾三折。」[6]由此可知孔子之時，皆用竹簡作書，或用韋編聯之；或用鐵撾貫之；而竹簡編貫，既厚且重，決不能用線裝也。余攷古書自漢以後，始改用捲子，故稱曰卷，見漢書藝文志；[7]自唐以後，始改用葉子，卽今之書本，見歐陽修歸田錄。[8]蓋自書籍用紙爲葉子，方能用線裝定成本，故線裝書至早當在唐末始能發生。近時燉煌發現之唐人寫經，尙用捲子，不用葉子，此其證也。唐距周相差八百餘年，安得謂周末經書之名，卽由於「線裝書」而起也。

余攷古人尊其著作爲經，其起源當在周末。管子[9]書內有經言，墨子[10]書內有經說，是知周人於其本人最精之說，已謂之曰經。管墨之書，雖未必爲本人自作，然經言經說等篇，至少必爲門人後學所輯。此外荀子性惡篇引道經之語，是必當時有道家之書名道經者矣。天下篇雖未必出於莊子，然亦必出於門人後學之手。

性惡篇當爲荀子所作，當與孟子同時。由此言之，則經之名詞，起於周末，無可疑也。余又攷孟子盡心篇曰「君子反經而已矣。」趙岐孟子注曰「經，常也。」[11] 班固白虎通曰，「經常道也。」[12] 此語當爲古代相傳之故訓。蓋古人初無名其書爲經者，至周末百家並起，著作繁多，於是尊其精深之語，名之曰經，卽謂人人所當遵守之常道也。道家旣尊其師說爲道經，墨家旣尊其師說爲墨經，則儒家自可尊其師說爲儒經，此卽經書之名所由出也。然百家之學旣皆稱經，則經之名詞自不應爲儒家所獨用。故余謂儒家之經當曰儒經，今不曰儒經而曰經。此名之不可不正者也。

世人所謂經者果何指耶？莊子天道篇稱「孔子繙十二經以說老聃」[13] 而未言明十二經爲何書。或以六經六緯爲十二經，然周末之時，決無六緯；又按「十二」字或爲古篆書「六」字傳寫之訛，亦未可知。世人所謂六經者，指實卽詩書樂禮

·国学研究法·
上海民智书局
一九三〇年版

易春秋六種著作而言也。然古人最初並不稱之曰詩經，易經，書經，禮經，樂經，春秋經，而僅曰詩，曰易，曰書，曰禮，曰樂，曰春秋。莊子天運篇[14]始言「詩書易禮樂春秋六經，」此六經之名所自始也。天運篇雖未必出於莊子之手，然至少必為周末後學所述。其後禮記經解篇[15]即以此六種著作為經，六經之名，自此始通用。經解篇雖首稱孔子之說，然此篇實類漢初人文字；則謂六經之名始於周末而通行於漢初可也。其後又因樂經久亡，於是由六經變為五經。漢武帝以易書詩禮春秋列於學官。宣帝詔諸儒講五經[16]異同，此又五經之名所自始矣。東漢趙典學孔子七經，（見後漢書本傳注引謝承書，）蓋以易，書，詩，儀禮，春秋，公羊，論語為七經。（見隋書經籍志引漢人一字石經；）唐以後以易書詩三禮三傳為九經，[17]宋以後又加以孝經論語孟子爾雅為十三經。[18]然而周禮禮記均非孔子時代之著作，而三傳及孝經論語孟子爾雅，又均為孔子以後之人所纂述。故十三經之內，仍當以六經爲正宗也。

所謂六經者，漢初人亦謂之六藝，見史記自叙。六經雖古有其書，而實皆定於孔子。史記儒林傳曰，「孔子憫王路廢而邪道興，於是論次詩書。修起禮樂，因魯史作春秋以寓王法。」[19] 又曰「孔子晚而喜易，序繫象說卦文言。」[20] 余攷孔子以易爲學，以詩書禮樂爲教，已見於論語。而作春秋之說，又見於孟子。此皆見於周人之書者也。然則史記之言，當是實事，故知六經之學，卽孔子之學也。禮記經解篇曰，「溫柔敦厚，詩教也；疏通知遠，書教也；廣博易良，樂教也；潔淨精微，易教也；恭儉莊敬，禮教也；屬辭比事，春秋教也。」[21] 莊子天下篇曰，「詩以道志，書以道事，禮以道行，樂以道和，易以道陰陽，春秋以道名分。」[22] 史記自叙曰，「易著天地陰陽，故長於變；禮經紀人倫，故長於行；樂樂其所以立，故長於和；書紀先王之事，故長於政；詩紀山川谿谷草木禽獸，故長於風；春秋辨是非，故長於治人。」[23] 漢興，樂經既亡，於是只有五

·国学研究法·

上海民智书局
一九三〇年版

經。揚雄曰，「大哉。五經之爲衆說郛。」[24] 班固曰，「五經何謂，易書詩禮春秋也。」[25] 又曰，「有五常之道故曰五經。」蓋班固以五經配仁義禮智信，猶言五經如天地五常之大道，不可或增不可或減者也。

古人重視五經，不僅以爲五常之大道，且以爲天神之傳授，由是由道德的古訓，而入於宗教的神秘矣。易繫詞稱「天垂象，見吉凶，聖人象之；河出圖，洛出書，聖人則之。」漢人謂「伏羲受河圖，則而畫之，八卦是也；禹錫洛書，法而陳之，洪範是也。」[26] 易繫詞又稱伏羲「仰則觀象於天，俯則觀法於地，於是始作八卦，」書洪範亦稱「天乃錫禹洪範九疇。」八卦爲周易之根源，洪範爲尙書之一篇，其來源之神秘如此，自古有其說矣。其他古人所稱引神秘之事，如曰，「孔子撰書，尊而命之曰尙書。尙者，上也，言若天書然，」[27] 又曰，「尙書二十八篇上應二十八宿。」[28] 又曰，「孔子叙書，上謂天談，下謂民意。」[29] 又曰，孔子論經，有鳥化爲書，孔子奉以告天。」[30] 又曰，「孔子學孝經，文成道立，齋以告天，玄雲踊，紫雲開，」[31] 又曰，「孔子作孝經，使七十二弟子向北辰而磬折。」[32] 又曰，「孔子作春秋，精和聖制，上通於天而麟至。」[33] 又曰，「孔子作春秋成，天下血書魯端門；子夏明日往視之，血書化爲赤烏。」[34] 又曰，「孔子修春秋成，制孝經，齋戒告備於天，有赤虹自下，化爲黃玉。」[35] 此皆見漢人緯書中所言之神秘。今曲阜孔廟尚存漢魯相史晨碑，內述孔子制作諸緒之遺事曰，「獲麟趣作，端門見徵，血書著記，黃玉景應，乃作春秋，復演孝經，刪定六藝，象與天談，鈎河摘洛，却揆未然。」[36] 此卽總述孔子修定諸經之神跡也。由此觀之，可知古代確有多數人尊六經爲天書，並奉孔子爲「代天制作。」余幼時常見塾師某先生每誦經書，必洗手淨面，正襟危坐而後敢開卷，斯亦見神秘之印象入人深矣。

由漢至今之學者，雖未必盡信諸經爲代天之制作，然無人不奉以爲五常之

·国学研究法·
上海民智书局
一九三〇年版

大道。劉勰曰，「經者恆久之至道，不刊之鴻教也。」[37] 此語實可代表二千年內中國人對於經書之態度；而其所謂經者，其道是否恆久，其教是否不刊，是爲別一問題。然由此亦可考見諸經在中國思想界地位之尊，與其勢力之大矣。諸經在思想界之地位既如此其尊，勢力既如此其大，然而究竟現存之諸經，是否爲孔子論定之原文，是否爲周末通行之原本，惜乎自古至今，議論紛紜，莫衷一是，近人或篤于信古而敢懷疑，或勇于疑古而不求實據，余均無取焉。余故本先秦西漢之舊說，用近時科學之眼光，爲之詳細鈎稽，並分析而辨明之如下：

易者，諸經中最古之書也。伏羲始畫八卦，見尸子及[38]易繫詞，此見於周末人之書中者也。伏羲又爲六十四卦，見淮南子要略訓，八卦[39]出於河圖，見孔安國論語注，[40]此見於漢初人之書中者也。余考河圖之物，周室藏爲寶器，見書經顧命篇，孔子歎爲瑞徵，見論語子罕篇，是必古有其物。蓋上古或有哲人本一時之妙悟，劃陰陽之文於龜板，流之於黃河，伏羲見而法之，遂畫八卦；故謂八卦出於河圖，此亦事之可能者也。要之由八卦變爲六十四卦，遂能包括一切學理，此爲吾國上古之最大發明，世界學者莫不承認。或謂卦詞作於文王，爻詞作於周公，實則在先秦古籍中並無確證。然文王演易見史記自叙，周室增爻[41]見淮南子要畧訓，亦皆漢初人舊說。秦時周易以卜筮之書未遭焚燬。[42]晉時盜發汲郡魏襄王家[43]得竹簡本周易上下篇，與西漢人所傳之本正同。此周易尙爲完本之明徵。夫周易爲吾國最古之經，而至今完全無缺，此吾國學術界之幸也。竹簡古本周易，原無所附之十翼，而史記漢書，均以十翼爲孔子所作，其實在先秦人書中亦無確據。余考十翼中多稱「子曰」云云，其文例與論語相同，此明爲孔門後學所記，決非孔子手筆。然周易上下經自爲完全之書，雖無十翼，無害其爲全本也。論語孔子曰，「加吾數年，五十以學易，可以無大過矣。」此書之貴重，於此可見。史記儒林傳言「魯商瞿受易

·国学研究法·
上海民智书局
一九三〇年版

于孔子」44又傳六世至菑川田何。據漢書儒林傳45沛人施讎，蘭陵人孟喜，諸人梁丘賀均受易于田何，東郡頓丘人京房又受易于田何弟子梁人焦延壽，於是西漢之時，易有施孟梁丘京四家之學，列于學官。今四家之學皆亡

東漢人所傳書緯稱「尚書原有三千篇，孔子刪爲百篇」46此言蓋不可信。西漢人舊說多以二十八篇爲備。47然揚雄法言問神篇曰，「古之說書者序以百，」48是西漢人亦有百篇之說也。余謂上古遺文決無三千篇之多，亦不至如二十八篇之少，然則百篇之說較爲可信。史記儒林傳稱「秦焚書，濟南伏生壁藏之，漢定，伏生求其書，亡數十篇，獨得二十九篇，卽以教於齊魯之間」49所謂二十九篇者，卽以顧命及康王之誥分爲二篇，史記周本紀分列二篇之名，其說卽出於伏生，然合之仍爲二十八篇也。史記儒林傳又稱「孔氏有古文尚書，孔安國以今文讀之，因以起其家逸書得十餘篇。惜此十餘篇後遭巫蠱之禍，未列于學官，遂以亡失。

其後武帝末年，民間有得泰誓篇於屋壁者，獻於朝，[50] 而宣帝時河內女子發老屋，又得尙書一篇，然[51] 二篇皆不久亦亡，後無傳焉。然則三代所遺之高文典册，卽此二十八篇而已。晉以來之僞古文尙書久有定論，故不多述。書經以堯典爲首篇，而稱「曰若稽古帝堯」，則知其非堯時著作明矣。孔穎達謂堯典爲虞史所修，[52] 劉逢祿謂爲夏史所修，[53] 魏源謂爲周史所修，[54] 其實皆無確實証據。然謂二十八篇已爲周代史官所整理，而其中亦有虞夏商史官之遺文，則無可疑也。史記稱，「孔子序書，」又稱，[55] 「孔子論次詩書。」[56] 曰「序」曰「次」，其意正同，均爲編定次序之義，是西漢人並無孔子删書之說也。余又考所謂序書，卽是次書；自東漢人班固誤讀序字，遂又謂孔子爲尙書作序，[57] 「言其作意」，而不知西漢人實無此說。前言揚雄所謂「古之說書者序以百，」正謂次以百篇也。今所存書序，蓋後人由史記三代本紀及世家各篇內鈔出而加以補綴。皮錫瑞謂史記引書序，[58] 而不知其

·国学研究法·
上海民智书局
一九三〇年版

實爲作書序者鈔史記也。據史記儒林傳，文帝[59]求治尙書者，時伏生年九十餘，不能行，於是使朝錯往受之，又據漢書儒林傳，[60]伏生之書傳千乘人歐陽伯和及夏侯勝夏侯建，於是西漢之時，書有歐陽大小夏侯之學，列於學官。今三家之學皆亡。

史記孔子世家稱「古者詩三千餘篇，孔子去其重，取其可施於禮義者，三百五篇。」[61]是孔子刪詩，西漢人已有此說矣。此事此先秦人書中雖無其他確據，然古詩決不止三百五篇，可斷言也。然「詩三百」已見論語，又可見其由來已久。此經自遭秦火之後，依然完全存在。班固曰「詩遭秦而全者，以其諷誦，不獨在竹帛中故也，」[62]今詩中最古之篇曰商頌，相傳爲商代詩人之著作，[63]其實不然也。余攷史記宋世家曰，「宋大夫正考父美襄公修仁行義，故追道殷所以興作商頌，」[64]此明謂商頌爲周末宋大夫所作也。西漢人[65]韓嬰韓詩及揚雄法言並同此說，可見商頌乃宋人追美前王而作，並非商代之遺詩也。由此言之，大雅周頌亦多爲周人追美前賢而作，未能皆證明爲周初之遺詩也，據史記十二諸侯年表序，則知關雎作於「周道之缺」鹿鳴作「仁義陵遲」然則二詩出於周衰，亦爲西漢舊說，而東漢人鄭玄反謂二詩爲文王時作者誤矣。[66]惟周公作鴟鴞之詩，見於書經金縢篇；周公作淸廟之詩，見於尙書大傳臯陶謨篇；周公作文王之詩，見於呂氏春秋古樂篇；此皆信爲周初作品，距今亦三千年矣。蓋詩經不過代表周人一代之著作，而其年代最早者，亦只有周公之作數篇，並未有周公以前之遺文也。今所傳毛詩序，據鄭玄之意以爲子夏所作，[67]其實西漢人實無此說。余攷後漢書儒林傳稱「東海人衛宏作毛詩序，善得風雅之旨」。[68]然則詩序爲東漢人所作，已有明據，余又攷東漢以前之著作，無人語及詩序者，此亦一證也。要之今之詩序是否爲衛宏之書（崔述認詩序爲衛宏所作）亦無確證；然其非子夏之作，則無可疑也。據史記儒林傳，[69]漢興，言詩者有魯人申培，齊人韓固，燕人韓嬰，於是西漢之時，詩有魯齊

·国学研究法·
上海民智书局
一九三〇年版

韓三家之學，[70] 列於學官。今三家之學皆亡。

尸子稱「曾子每讀喪禮，泣下沾襟，」[71] 此周時已有禮書之明證也。然當時雖有其書，必不完備。史記儒林傳稱「禮自孔子時而其經不具，及至秦焚書。散亡益多，獨有士禮，魯人高堂生能言之。」[72] 漢書儒林傳稱士禮有十七篇。[73] 藝文志又稱「禮古經出於魯淹中及孔氏，與十七篇文相似，多三十九篇。」[74] 所謂魯淹中者，蓋卽指魯恭王壞孔子宅所在之地，而所謂孔氏者，蓋卽指孔安國之家也。余攷士禮十七篇，卽今之儀禮是也。藝文志又稱「漢興，高堂生傳士禮十七篇，訖孝宣世后倉最明，戴德戴聖慶普皆其弟子，三家立於學官。」[75] 然則三家所傳者，均爲儀禮之學，其事甚明，此卽西漢之所謂禮也。蓋當時僅有士禮十七篇，列於學官，而士禮又僅有三家之說，備人傳習。前言後得禮古經五十六篇，除內有十七篇與士禮相同外，餘三十九篇皆爲古文，均無師說，未立學官；故未久而亡。宣帝時，河內女子發老屋，又得逸禮一篇，[76] 而河間獻王亦得古文禮禮記，[77] 其書後皆不傳。然河間獻王所得之禮記，後人亦無能証其爲今之禮記。故知西漢人所謂禮，所謂戴氏之禮者，皆指士禮而言，亦卽指今之儀禮而言也。晉人始謂「戴德删古禮八十五篇爲大戴禮，戴聖删爲四十九篇爲小戴禮，馬融盧植又攷其異同，去其繁重，卽今之禮記。」[78] 余攷大戴禮小戴禮二書之名，均未見於史記漢書，是知西漢人並無「大小戴作禮記」之記，而今之禮記，實爲馬融盧植所輯也。士禮十七篇，是否爲周公遺制，今已無從証明，然謂爲周人所述周代舊制，則尙爲可信。禮記雖或爲東漢人馬融盧植所輯，而內存先秦及西漢舊說尙多，然亦雜矣。據漢書儒林傳，后倉爲東海郯人，說禮數萬言，授梁人戴德戴聖沛人慶普，於是西漢之時，禮有大小戴慶氏之學，立於學官，[79] 今三家之學皆亡。

春秋爲孔子所作，孟子已言之。所謂「孔子成春秋而亂臣賊子懼」是也。史

·国学研究法·
上海民智书局
一九三〇年版

記稱「孔子因史記作春秋以寓王法。」[80] 又曰，「孔子論史記舊文，興於魯而次春秋，約其文詞，去其繁重，以制義法。魯君子左邱明懼弟子人人異端，各安其意，失其眞，故因孔子史記具論其語，成左氏春秋。」[81] 嚴氏春秋曰：「孔子與左邱明乘而如周，觀書於周史，歸而修春秋之經。」[82] 劉向別錄稱，「左邱明授曾申，」[83] 此皆西漢人之舊說也。然則孔子之春秋，當時必與左氏之傳相輔而行。春秋所以寓褒貶，左傳所以詳本事，缺一不可者也。漢興之初，春秋何以完全保存，左傳何以無人傳習，後人已無從攷明，東漢人雖稱「漢興，張倉賈誼皆修春秋左氏傳，誼爲左氏傳詁，授趙人貫公。」[84] 然西漢人所作史記，張倉賈誼二傳，均無此事，則此言亦非舊說也。且據劉歆所言，則春秋左傳藏于秘府，未有今文，[85] 未行於民間，是知西漢人尚未有治左氏傳者也。司馬遷以太史之資格，當可見秘府中之左傳，而非外人所能借讀。左傳既不通行於世，於是春秋之本事無人能詳，而春秋之大義遂無人能通，蓋不能以空言說經也。史記儒林傳稱「漢興至於五世之間，惟董仲舒名爲明於春秋，」[86] 斯可見當時通春秋者之少矣。左傳既不通行，且其書重在記事，而不重在解經，故當時僅有公羊穀梁二家爲解經之書。舊說公羊穀梁皆受春秋於子夏，余攷此說始於戴宏，[87] 應劭，[88] 此實東漢人誇誕之說，不足信也。二子既非受子夏眞傳，則所說亦未必盡合孔子本意也。據史記儒林傳，漢初言春秋者，於齊魯自胡母生，於趙自董仲舒，皆治公羊春秋，瑕丘江公治穀梁春秋。[89] 公穀二人究竟生於何時，受春秋於何人，在西漢著作中已無可攷。漢書藝文志亦僅言公羊子爲齊人，穀梁子爲魯人而已。[90] 然謂公穀二人生於漢初以前，尚爲可信。此因治公羊之胡母生，治穀梁之江公，皆西漢初年之人故也。據漢書藝文志在西漢之時，公羊穀梁二家之學，均列於學官。[91] 今二家之學尚存。

前所述如易上下篇，詩三百五篇，禮十七篇，書二十八篇，及公羊氏穀梁氏春秋，此皆西漢人所謂經也。其說皆有傳授可攷，其學皆有淵源可尋，又其書皆列於學官，掌於博士，此卽西漢人所謂經學也。又因以上各經，皆已寫爲漢初通行文字，故謂之今文經書。史記儒林傳所謂「以今文讀之，」漢書儒林傳所謂「以今文字讀之」者，卽謂此也。此外又有所謂古文經書者，如漢秘府中有古文易經，[92] 而武帝末年，魯共王壞孔子宅，[93] 聞鼓琴瑟鐘磬之聲，乃止不壞，而得古文尙書禮記論語孝經，而秘府中又有春秋[94] 左氏邱明所修，皆古文舊書。河間獻王又得古文周官禮禮記孟子之屬。[95] 東萊人費直所治周易與古文同。[96] 孔氏古文尙書，[97] 比今文多十六篇，時遭巫蠱之禍，未立學官，故未久而亡。詩有毛詩二十九卷，漢書藝文志稱「毛公之學，自謂子夏所傳，」[98] 蓋班固亦不能証明其傳授，故稱之曰「自謂」蓋不之信也。魯淹中所得古禮經，比今文多三十九篇，[99] 然未久亦亡。漢書藝文志所存記百三十一篇，明堂陰陽三十三篇，王史氏三十一篇，樂記二十三篇，

·国学研究法·
上海民智书局
一九三〇年版

比盖與前言河間獻王所得禮記略同，今共存四十九篇，謂之禮記，又三十八篇謂之大戴禮。漢志所載左氏傳三十卷，盖即漢秘府所藏之本，而是否卽今之左傳，亦無從証明。漢志又載周官經六篇，或卽前言河間獻王所得之本，今只存周官五篇，後以攷工記補之，謂之周禮。以上各書在西漢皆因無人傳授，無人通曉，無人譯爲今文，故謂之古文，均未列於學官。此因當時能通古文而能「以今文讀之」者甚少也。其他如漢志所錄，在魯論語二十篇，齊論語二十二篇之外，又有古論語二十篇，盖卽前言魯共王所得之本。孝經十八章之外，又有古孝經二十二章，盖亦共王所得之本。此二書之今古文，無甚大異，不過有幾處章節字句之不同而已。此西漢經學今古文字之大略也。

由前所述觀之，可見西漢已列學官之今文諸經，皆漢初經師之舊說。漢初去周末未遠，有師承可尋，有家法可守，雖未必直接孔子之眞傳，然亦必淵源孔門之

·国学研究法·
上海民智书局
一九三〇年版

遺說，此西漢經學所以可貴。而西漢經學究竟是否無誤，則又爲別一問題也。惜乎各家之書皆亡，今所存者只有公羊穀梁之春秋傳而已。再以古文之書言之，如費氏之易，孔氏之書，今皆不存。漢書藝文志有毛詩故訓傳，而未言作者姓名，且稱「毛公自謂子夏所傳」，可見其無他証據矣。余攷今本毛氏傳所說多與左傳周禮相合，而左傳周禮在王莽篡位以前實未通行，此見今本毛詩傳當作於王莽以後也。余又攷後漢書儒林傳[100]馬融亦作毛詩傳，然則今本毛詩傳，或卽東漢人馬氏之書實非西漢人毛氏之舊也。余前已証明大小戴均受儀禮，並未作禮記，有史記漢書爲據。又前已言據晉人說，則今之大小戴禮記，乃東漢人馬融盧植所輯，非西漢人戴氏之作也。[101]左傳周禮在西漢並爲晚出古文傳受皆不明瞭。左傳乃紀事之書，今本雖未必爲左邱明原書，[102]然大半必爲周末人所著。周禮爲記政之書，今本雖非周公制作，[103]然大半亦必爲周末人所述。或以二書爲劉歆僞作，則劉氏其可謂萬能乎？晉時盜發汲郡魏襄王塚，得竹書紀年[104]所言多與左傳符同，是知左傳內容大部分爲先秦古書無疑矣。周禮原缺冬官，河間獻王購以千金不得，乃取考工記補之，此事初見隋書，[105]而漢人亦無此說。六朝時，盜發襄陽楚王冢，得科斗書，考工記，[106]然則此書亦必爲先秦古書無疑矣。論語，孝經，孟子，爾雅，西漢人均視爲傳記之書，尚不尊爲經也。東漢人好治古文經學，然所注古文諸經，亦多失傳，今所存者，亦只有鄭玄三禮注，趙岐孟子注而已。

章學誠謂「六經皆史，」[107]其說非也。經內如尙書，如春秋，固皆古史之類，而易詩禮性質不同，豈可謂之史書乎？顧炎武謂「經學卽理學，」[108]其說亦非也。經內如易，如禮，固皆言理之書，而詩書春秋，性質不同，豈可謂之理學乎？二氏皆未詳細分析，故言之未得其當也。余用近世科學方法，將諸經分爲三類，曰哲學，曰史學，曰文學。現存之五經，固皆可歸納於此三類。周易，論語，孝經，孟子，在哲學以內，禮記

·国学研究法·
上海民智书局
一九三〇年版

多述七十子後學遺言亦附焉。尚書，春秋，在史學以內，公羊穀梁左氏解釋春秋，周禮儀禮記載古制，亦附焉。詩經在文學以內，爾雅詳於故訓，亦附焉。再就其內容分析之，禮記雖在哲學範圍以內，而其中如王制月令喪服等篇，爲記制度之書，又有史學的性質。尚書雖在史學範圍以內，而其中如洪範皋陶謨等篇爲言學理之書，又有哲學的性質。然自其大體而論，固可以三類分析者也。由以上之分析觀之，可知周易爲最古之哲學，尚書爲最古之史學，詩經爲最古之文學。自此系統既定之後，則後起之著作，皆可按類分入其內，無慮渾淆矣。然則經之稱謂，與經學之名詞，雖廢去可也。茲爲分析其門類如下：

(1)哲學類——易經，論語，孝經，孟子，及禮記。

(2)史學類——書經，春秋三傳，周禮，及儀禮，

(3)文學類——詩經及爾雅。

試就哲學類言之，余前述周易上下篇尚全，且與汲冢古本正同，其爲周人相傳之古書毫無疑義。易內之十翼，並非孔子所作，前已言之矣。論語記曾子之死，而曾子在孔門中年又最少；且壽又最長；是知論語當爲孔子再傳弟子所記，且今本論語又爲張禹所亂，[109] 非原書矣。孝經開端言「仲尼居，曾子侍，」此可見不僅非孔子所作，亦且非曾子自著，且其文多鈔襲左傳，姚際恆古今僞書考已詳言之矣。西漢人治孝經者凡四家，[110] 其說皆亡，今本孝經或東漢人所補輯歟？孟子爲公孫丑萬章之徒所作，已見史記，[111] 余前已言今本禮記爲東漢人馬融盧植所輯。然其內存七十子後學遺言尚多，惜不易分辯。再就史學類言之，余前已言書序非孔子所作，尚書二十八篇中，其殷盤周誥凡十篇，已不可讀，史記多採錄尚書原文，惟於殷盤周誥則略而不錄，蓋自西漢人已不能通其讀，後人無能爲役矣。春秋之作，「子夏不能贊一詞，」[112] 其精微可知，夫褒貶賞誅既繫於一字，而三傳之說經又各

·国学研究法·
上海民智书局
一九三〇年版

不同，然則後人將何所適從乎？余前已言張倉賈誼傳受左氏傳，非西漢舊記，並言公羊穀梁二氏亦非子夏弟子。春秋之師說既缺，微言絕矣。儀禮僅存士禮，周禮僅存五官。且二書所言禮制，彼此不同，可知爲周末一家之紀載，非周公一代之制作也。再就文學類言之，詩經尚全，並與論語所言之篇數相符。余前已證明詩經之商頌爲宋大夫所作，而周詩僅有周初之詩數篇，餘均爲東遷以後作品。且西漢三家之詩說既亡，而今本之毛詩序，毛詩傳又爲東漢人所作，余亦言之於前矣。然則所謂某詩爲某作者，安可信乎？爾雅乃漢初時「小學家綴緝舊文遞相增益」113 更不得謂之爲經。然則吾國人二千年以來所尊爲「神聖不可侵犯」之孔門經典者，實則殘缺譌亂，所餘無幾矣。

歐陽修曰，「自六經焚於秦而復出於漢，其間師傳之道中絕，而簡編脫亂訛缺，學者莫得於本眞。」114 蓋最初諸經原不難讀，自遭秦火以後，始變爲「脫亂訛缺，」非爲之分別眞僞，辨析異同，則後生小子，無從下手也。余謂最要之條件，須以先秦西漢之說爲証，關於著作人者，如前述伏羲畫八卦，見於尸子；孔子作春秋見於孟子。關於篇章者，如前述詩有三百，見於論語；禮存士禮，見於史記，此皆爲先秦西漢舊說，當爲可信，自此以後，頗多虛誕之說，如前述史記並未言賈誼治左氏，而漢書則言賈誼作左傳詁，故信漢書不如信史記，因史記代表西漢人舊說，而漢書則參加東漢人意見也。又如前述班固僅謂穀梁子爲魯人，而應邵則謂穀梁子爲子夏弟子，故信東漢末年著作，不如信東漢初年著作，因東漢初年傳聞失實尙少，而東漢末年傳聞失實多也。又如前述史記稱宋大夫作商頌，而漢末人反謂商頌作於殷代；漢書稱戴氏傳士禮，而晉初人反謂禮記作於戴氏，如此之類，以誤傳誤，輾轉至今者甚多，故不可以不辨也。夫諸經之存於今者，其數已微矣。近時青年學子，往往震於聖經之名，而不知其內容何似，故略爲分析如上，以便初學。莊子曰，「

·国学研究法·
上海民智书局
一九三〇年版

六經先王之陳迹也，豈其所以迹哉。」115 孰知今之六經又皆「脫亂訛缺」之陳迹。然而吾國最寶貴最尊崇視爲「神聖不可侵犯」之古籍，已盡於此矣。

1. 章太炎演講國學概論，第六頁上海泰東圖書局本。
2. 晉書，第五一卷，第二五頁（下）五洲同文局本。
3. 南齊書，第二一卷，第二頁（下）同文局本。
4. 說文籀補，第二卷，第一〇頁（上）吳大澂自刻本。
5. 史記，第四七卷，第二三頁（下），同文局本。
6. 抱朴子，第四卷第三二頁（下）湖北局本。
7. 漢書，第三〇卷，第三頁（下）同文局本。
8. 歐陽修歸田錄，第二卷，第一三頁（下），學津討原本。
9. 管子，第一卷第二頁（上），四部叢刊影宋本。
10. 墨子，第一〇卷，第一頁（上），靈巖山館本。

11 趙岐注孟子，第一四卷第一八頁（下）四部叢刊影宋本。

12 白虎通，第四卷（上）第八頁（下）抱經堂本。

13 莊子集解，第四卷第五頁（上）王先謙自刻本。

14 莊子集解，第四卷第一四頁（上）王先謙自刻本。

15 禮記，第一五卷第一頁（上）四部叢刊影宋本。

16 詳見漢書儒林傳及宣帝本紀甘露三年詔書。

17 日知錄，第一卷第二頁（下）湖北局本。

18 同上。又按唐人雖有九經而開成石經亦附刻論語，孝經，爾雅。

19 史記，第一二一卷第一頁（下）。

20 史記，第四七卷第二三頁（上）。

21 禮記，第一五卷第一頁（上）四部叢刊影宋本。

22 莊子集解，第八卷第二八頁（上）。

23 史記，第一三〇卷第九頁（下，

24 揚子法言，第九頁（上，湖北局本。

25 白虎通，第四卷（上）第八頁（下。

26 漢書，第二七卷第一頁（下。

27 惠棟九經古義，第三卷，第一頁（上），引書贊，學海堂本。

28 皮錫瑞書經通論，第四頁（上，引正義，思賢書局本。

29 馬總意林，第四卷第一二頁（上，學津討原本。

30 太平御覽，第八〇四卷第五頁（下，引演孔圖，鮑氏仿宋本。

31 太平御覽，第六一〇卷，第八頁（下，引孝經中契。

32 北堂書鈔，第八五卷第一三頁（上，引孝經右契，金陵局本。

33 劉向說苑，第一四卷，第四頁（上，湖北局本。

34 何休公羊傳解詁第一二卷第九貞（下，金陵局本。

35 宋書，第二七卷，第九頁（上），同文局。

36 漢魯相史晨碑，現存曲阜孔廟漢碑亭。

37 劉勰文心雕龍，第一卷第一〇頁（上），兩廣督署本。

38 北堂書鈔，第一五三卷引尸子。

39 淮南子，第二一卷第四頁（下），湖北局本。

40 孔星衍周易集解，第一卷第一頁引，粵雅堂本。

41 同39。

42 史記，第六卷，第二二頁（下）。

43 晉書，第五一卷，第二五頁（下）。

44 史記，第一二一卷，第一頁（下）。

45 漢書，第八八卷，第七頁（上）。

46 尚書正義，第一卷第九頁（下）引，江西局本。

47 漢書，第三六卷，第三六頁（下）。

48 揚子法言，第九頁（上），湖北局本。

49 史記，第一二一卷，第八頁（上）。

50 尚書正義，第一卷，第一一頁（下），引劉向別錄，江西局本。

51 王充論衡，第二八卷，第一頁（下），湖北局本。

52 尚書正義，第二卷，第二頁（上），江西局本。

53 續經解，第三二三卷，第一頁（上），南菁書院本。

54 魏源書古微，第一卷，第一頁（上），淮南局本。

55 史記，第四七卷，第二二頁（上）。

56 史記，第一二一卷，第一頁（下）。

57 漢書，第三〇卷，第四頁（下）。

58 皮錫瑞書經通論，第三三頁（下），思賢書局本。

·国学研究法·
上海民智书局
一九三〇年版

59 史記，第一二一卷，第八頁（上）。

60 漢書，第八八卷，第一二頁（上）。

61 史記，第四七卷，第二二頁（下）。

62 漢書，第三〇卷，第六頁（上）。

63 鄭氏詩譜，第一九頁（上），江南局本。

64 史記，第三八卷，第一六頁（下）。

65 史記，第三八卷，第一六頁（下）集解引韓詩。又按揚子法言學行篇亦曰正考父常希尹吉甫矣。又按魯語雖有校商頌於周太史之說，然周人多謂宋爲商，且宋詩亦必存於周史也。

66 鄭氏詩譜，第三頁（下）第一四頁（下）江南書局本。

67 毛詩正義，第一卷，第一頁(上)引江西局本。

68 後漢書，第一〇九卷下第六頁（下）同文局本。

69 史記，第一二一卷，第五……第八頁。

70 漢書，第三〇卷，第六頁（上）。

71 文選李善注，第一六卷，第二六頁（下），恨賦注引，湖北局本。

72 史記，第一二一卷，第九頁（上）。

73 漢書，第三〇卷，第七頁（下）。

74 同上。

75 同上。

76 王充論衡，第六卷，第六頁（下），湖北局本。

77 漢書，第五三卷，第一頁（下）。

78 經典釋文，第一卷，第一八頁（下），序錄引陳邵說，抱經堂本。

79 漢書，第三〇卷，第七頁（下）。

80 史記，第一二一卷，第二頁（下）。

·国学研究法·
上海民智书局
一九三〇年版

81 史記，第一四卷，第一頁（上）。
82 左傳正義，第一卷，第一一頁（上）引，江西局本。
83 左傳正義，第一卷，第一頁（下）引。
84 漢書，第八八卷，第二六頁（下）。
85 漢書，第三六卷，第三六頁（上）。
86 史記，第一二一卷，第一一頁（上）。
87 公羊傳徐彥疏，第一卷，第二頁（上）引，江西局本。
88 經典釋文，第一卷，第二〇頁（下），序錄引風俗通，抱經堂本。
89 史記，第一二一卷，第一〇……一一頁。
90 漢書，第三〇卷，第九頁（上）。
91 漢書，第三〇卷，第一一頁（上）。
92 漢書，第三〇卷，第三頁（下）。

93 漢書，第三〇卷，第七頁（上）。

94 漢書，第三六卷，第三六頁（上）。

95 漢書，第五三卷，第一頁（下）。

96 同（92）。

97 同（93）。

98 漢書，第三〇卷，第六頁（上）。

99 漢書，第三〇卷第七頁（下）。

100 後漢書，第一〇九卷下，第六頁（下）同文局本。

101 見（78）。

102 史記，稱左傳爲左邱明所作，見前。

103 劉歆謂周禮爲周公致太平之迹，賈公彥周禮序引，周禮正義，第一卷，第一〇頁（下），江西局本。

·国学研究法·
上海民智书局
一九三〇年版

104 杜預左傳集解後序，附杜注左傳本後，學部圖書局本。

105 隋書，第三二卷第一六頁（下，）同文局本。

106 同前（3）。

107 章學誠文史通義第一卷，第一頁（上，）粵雅堂本。

108 全祖望結埼亭集，第一二卷，第二頁（下，）借樹山房本。

109 崔述洙泗考信錄，第二卷，第一一……一二頁，東壁遺書本。

110 漢書，第三〇卷，第一二頁（下）。

111 史記，第七四卷，第三頁。

112 史記，第四七卷第二六頁（下）。

113 四庫全書提要，第四〇卷，第一頁（下，）點石齋本。

114 新唐書，第五七卷第一頁（上）同文局本。

115 莊子集解，第四卷第一四頁（上，）王先謙自刻本。

國學研究

（本篇參考均係作者自註，編者謹識。）

·国学研究法·

上海民智书局
一九三〇年版

國學研究

儀徵洪北平編

第三卷　子學通論

論六家要指（史記太史公自序）司馬談

易大傳「天下一致而百慮同歸而殊塗。」——夫陰陽、儒、墨、名、法、道德，此務爲治者也。直所從言之異路，有省不省耳。嘗竊觀陰陽之說，大祥而衆忌諱，使人拘而多所畏。然其序四時之大順，不可失也。儒者博而寡要，勞而少功，是以其事難盡從。然其序君臣父子之禮，列夫婦長幼之別，不可易也。墨者儉而難遵，是以其事不可徧循。然其彊本節用，不可廢也。法家嚴而少恩。然其正君臣上下之分，不可改矣。名家使人儉而善失眞。然其正實，不可不察也。道家使人精神專一，動合無形，贍足萬

·国学研究法·
上海民智书局
一九三〇年版

物。其爲術也，因陰陽之大順，采儒墨之善，撮名法之要；與時遷移，應物變化，立俗施事，無所不宜。指約而易操，事少而功多。儒者則不然，以爲人主天下之儀表也，主倡而臣和，主先而臣隨，如此則主勞而臣逸。至於大道之要，去健羨，[2] 絀聰明，[3] 釋此而任術。夫神大用則竭，形大勞則敝；形神騷動，欲與天地長久，非所聞也。

夫陰陽，四時，八位，[4] 十二度，[5] 二十四節，各有教令。順之者昌，逆之者不死則亡，未必然也。故曰：使人拘而多畏。夫春生夏長，秋收冬藏，此天道之大經也。弗順，則無以爲天下綱紀。故曰：四時之大順，不可失也。

夫儒者以六藝爲法。六藝經傳以千萬數，[6] 累世不能通其學，當年不能究其禮。故曰：博而寡要，勞而少功。若列君臣父子之禮，序夫婦長幼之別，百家弗能易也。

墨者亦尚堯舜道，言其德行曰：堂高三尺，土階三等，茅茨不剪，采椽不刮；食土簋，啜土刑，糲粱之食，藜藿之羹；夏日葛衣，冬日鹿裘；[7] 送死桐棺三寸，舉音不盡其哀，[8] 教喪禮，必以此爲萬民之率，使天下法若此，則尊卑無別也。夫世異時移，事業不必同，故曰：儉而難遵。要曰強本節用，則人給家足之道也。此墨子之所長，雖百家弗能廢也。

法家不別親疏，不殊貴賤，一斷於法；[9] 則親親尊尊之恩絕矣。可以行一時之計，而不可長用也。故曰：嚴而少恩。若尊主卑臣，明分職，不得相踰越，雖百家弗能改也。

名家苛察繳繞，使人不得反其意；專決於名，而失人情。[10] 故曰使人儉而善失眞。若夫控名責實，參伍不失，[11] 此不可不察也。

道家無爲，又曰無不爲。[12] 其實易行，其辭難知。其術以虛無爲本，以因循爲用。無成勢，無常形，故能究萬物之情。[13] 不爲物先，不爲物後，故能爲萬物主。有法無法，因時爲業；有度無度，因物與合。故曰：聖人不朽，時變是守。[14] 虛者，道之常也；因者，君

·国学研究法·
上海民智书局
一九三〇年版

之綱也；羣臣並至，使各自明也。其實中其聲者，謂之端；實不中其聲者，謂之窾；[15] 窾言不聽，姦乃不生，賢不肖自分，黑白乃形。在所欲用耳，何事不成，乃合大道，混混冥冥，光耀天下，復反無名。[16] 凡人所生者，神也；所託者，形也。神大用則竭，形大勞則敝，形神離則死；死者不可復生，離者不可復反，故聖人重之。由是觀之，神者，生之本也；形者，生之具也。不先定其神，而曰我有以治天下，何由哉？

1. 易經繫辭下：「子曰天下何思何慮？天下同歸而殊途，一致而百慮；天下何思何慮？」
2. 老子曰：「勇於敢則殺，勇於不敢則活。」又曰：「弱之勝強，柔之勝剛，天下莫不知，莫能行。」又曰「知其雄，守其雌。」此去健也。又曰「五色令人目盲，五音令人耳聾，五味令人口爽，馳騁畋獵令人心發狂，難得之貨令人行妨。」又曰：「不見可欲，使心不亂。」此去羨也。
3. 老子曰：「絕聖棄智，民利百倍。」此絀聰明也。
4. 八位，八卦方位也。乾西北，坤西南，離南，坎北，震東，兌西，巽東南，艮東北，

5. 十二度，十二月次也。

6. 六藝謂易，書，詩，禮樂春秋，六經也。漢書藝文志「凡六藝一百三家，三千一百二十三篇。」

7. 墨子有節用篇。

8. 墨子有節葬篇。

9. 韓非子定法篇「法者，憲令著於官府，刑罰必於民心；賞存乎慎法，而罰加乎姦令者也。」慎子佚文「法者，所以齊天下之動，至公大定之制也。」馬驌繹史輯。

10 莊子天下篇「辯者以此與惠施相應，終身無窮；桓團公孫龍辯者之徒，飾人之心，易人之意，能勝人之口，不能服人之心。」

11 鄧析子無厚篇：「循名責實，君之事也；奉法宣令，臣之職也。」

12 老子：「道常無爲，而無不爲。」又曰：「爲學日益，爲道日損。損之又損，以至於無爲。無爲，而無不爲。」

13 老子：「聖人無常心，以百姓心爲心。」

·国学研究法·
上海民智书局
一九三〇年版

14 見鬼谷子。

15 端猶的也；竅，空也。

16 老子：「道常無名。」又曰：「無名天地之始，有名萬物之母。」

論九流十家（漢書藝文志）班固

儒家者流，蓋出於司徒之官，1 助人君順陰陽，明教化者也。游文於六經之中，留意於仁義之際。祖述堯舜，憲章文武，宗師仲尼，以重其言，於道最爲高。孔子曰：「如有所譽，其有所試。」2 唐虞之隆，殷周之盛，仲尼之業，已試之效者也。然惑者既失精微，而辟者又隨時抑揚，違離道本，苟以譁衆去寵。後進循之，是以五經乖析，儒學寖衰，此辟儒之患也。

道家者流，蓋出於史官，3 歷記成敗存亡禍福古今之道，然後知秉要執本，清虛以自守，卑弱以自持；此人君南面之術也。合於堯之克攘，[4] 易之嗛嗛，一謙而四益，[5] 此其所長也。及放者爲之，則欲絕去禮學，兼弃仁義。曰：獨任清虛可以爲治。

陰陽家者流，蓋出於羲和之官，[6] 敬順昊天，歷象日月星辰，敬授民時，此其長也。及拘者爲之，則牽於禁忌，泥於小數，舍人事而任鬼。

法家者流，蓋出於理官，[7] 信賞必罰，以輔禮制。易曰：「先王以明罰飭法。」[8] 此其所長也。及刻者爲之，則無教化，去仁愛，專任刑法，而欲以致治；至於殘害至親，傷恩薄厚。

名家者流，蓋出於禮官。[9] 古者名位不同，禮亦異數。孔子曰：「必也正名乎？名不正，則言不順，言不順，則事不成。」[10] 此其所長也。及警者爲之，則苟鉤釽析亂而已。

墨家者流，蓋出於清廟[11] 之守。茅屋采椽，是以貴儉；養三老五更，是以兼愛；選

·国学研究法·
上海民智书局
一九三〇年版

士大射，是以上賢。宗祀嚴父，是以右鬼。順四時而行，是以非命。以孝視天下，是以尙同。[12] 此其所長也。及蔽者爲之，見儉之利，因以非禮；推兼愛之意，而不知別親疏。

從横家者流，蓋出於行人之官。[13] 孔子曰：「誦詩三百，使於四方，不能專對，雖多亦奚以爲？」又曰：「使乎使乎！」[14] 言其當權事制宜，受命而不受辭，此其所長也。及邪人爲之，則上詐諼而棄其信。

雜家者流，蓋出於議官。兼儒墨，合名法，知國體之有此，見王治之無不貫，此其所長也。及盪者爲之，則漫羨而無所歸心。

農家者流，蓋出農稷之官，[15] 播百穀，勸耕桑，以足衣食。故八政一曰食，二曰貨。[16] 孔子曰：「所重民食。」[17] 此其所長也。及鄙者爲之，以爲無所事聖王，欲使君臣幷耕，誖上下之序。

小說家者流，蓋出於稗官。[18] 街談巷語，道聽塗說者之所造也。孔子曰：「雖小道，必有可觀者焉。致遠恐泥，是以君子弗爲也。」19 然亦弗滅也，閭里小知者之所及，亦使綴而不忘。如或一言可采，此亦芻蕘狂夫之議也

諸子十家，其可觀者九家而已。皆起於王道既微，諸侯力政，時君世主，好惡殊方。是以九家之說，蠭出竝作，各引一端，崇其所善，以此馳說，取合諸侯；其言雖殊，辟猶水火相滅，亦相生也。仁之於義，敬之與和，相反而皆相成也。易曰「天下同歸而殊塗，一致而百慮。」20 今異家者，各推所長，窮知究慮，以明其指，雖有蔽短，合其要歸，亦六經之支與流裔。使其人遭明王聖主，得其所折中，皆股肱之材已。仲尼有言：「禮失而求諸野。」21 方今去聖久遠，道術缺廢，無所更索。彼九家者，不猶癒於野乎？若能修六藝之術，而觀此九家之言，舍短取長，則可以通萬方之略矣。

1. 尚書堯典「契，百姓不親，五品不遜。汝作司徒，敬敷五教，在寬。」周禮：「地官大司徒，掌以禮教導民。」

·国学研究法·
上海民智书局
一九三〇年版

2. 論語載孔子之言也。

3. 老子爲周柱下史。

4. 尚書堯典，「曰若稽古帝堯，曰放勳，欽明文思安安，允恭克攘。」攘古讓字。

5. 周易謙卦彖辭：「謙亨天道下濟而光明，地道卑而上行。天道虧盈而益謙；地道變盈而流謙；鬼神害盈而福謙；人道惡盈而好謙。」嗛與謙通。

6. 尚書堯典「乃命羲和，欽若昊天，曆象日月星辰，敬授人時。」

7. 理，治也，正也。理官猶司法之官也。

8. 此周易噬嗑之彖辭也。

9. 周禮稱春官爲禮官，掌禮儀者也。

10 論語載孔子之言也。

11 清廟，周代祭祀文王之廟。左傳注：「肅然清靜，謂之清廟。」

12 墨子有節用，兼愛，上賢，明鬼神，非命，尚同諸篇。

13 周禮秋官有大行人，小行人，掌聘問朝覲之事。
14 皆論語載孔子之言。
15 議官，議政之官也。管子：「黃帝立明堂之議者，上觀於賢也。堯有衢室之問者，下聽於人也。」
16 農謂神農，稷謂后稷。神農教民播百穀。周之始祖棄，舜時爲后稷之官，掌農事，躬耕以教民。
17 尙書洪範：「八政：一曰食；二曰貨；三曰祀；四曰司空；五曰司徒；六曰司寇；七曰賓；八曰師。」食，掌民食之官。貨，掌財帛之官。
18 論語堯曰：「所重民食，喪，祭」此孔子稱殷湯代桀告天辭也。
19 細米爲稗，稗官猶言小官也。
20 論語載孔子之言。
21 周易下繫之辭。
22 此語無考。孫星衍孔子集語六藝篇引此語，亦但云漢書藝文志。

·国学研究法·
上海民智书局
一九三〇年版

論子部之沿革興廢（讀子巵言）江瑔

子者，男子之美稱也，古者門弟子之於師，亦稱之曰子。（按孝經釋文論語皇疏皆云古者稱師爲子，）故周秦以前儒者之譔述，未必盡出己手；往往由門弟子述其師說，綴輯而成；（按孫星衍云：凡稱子書多非自著，）——是以尊其師而稱之曰子。後世卽以其人之名名其書。此子部之書所由成也，子書今列四部之一，與經史集並稱；世呼之曰丙部。（按隋唐以後，分經史子集爲甲乙丙丁四部，子居第三，適爲丙位，故曰丙部，詳見下。）然子書所賅之範圍若何？究何種始可入子書？自漢魏以迄今玆，言人人殊。玆試略述子部之沿革，與學者共商討焉。

目錄之學，古人無之；有之自劉歆始。歆括天下圖書，區爲七略：一輯略。二六藝。三諸子。四時賦。五兵書。六術數。七方技。子書之特立爲一類，實始於此。班固承之。其譔漢書蓺文志放歆之例而爲六略；獨無輯略；蓋輯略爲歆自述輯譔之大綱，非圖書之類別也。自班固以後，各有變更。王儉則爲七志：一經典，並史記。二諸子。三文翰。四軍書。五陰陽。六術蓺。七圖譜。雖名目略有變異，而實與歆之七略無殊。不過所多者圖譜耳。其後阮孝緒則有七錄：一經典。二紀傳。三子兵。四文集。五技術。六佛。七道。則與前之分合頗異。許善心七林因之，無所異同：並效七錄各爲總敘，冠於篇首。至荀勗始分爲四部：一甲爲六蓺小學。二乙爲諸子兵書術數。三丙爲史記之屬。四丁爲詩賦圖讚汲冢書。李充亦分爲四部；[2] 而略變勗之次序。五經爲甲。史記爲乙。諸子爲丙。詩賦爲丁。謝靈運王亮之四部因之。[3] 任昉又加術數而爲五部。[4] 至唐之四庫，始確分經史子集四類。甲部則經類十一。乙部則史類十三。丙部則子類十七。丁部集類三。以子類之包羅爲最多；所謂丙部十七者：卽儒，道，并神仙，釋氏，法，名，墨，縱橫，雜，農家，小說，天文，曆算，兵，五行，蓺術，類書，明堂經脈，醫術，是也。宋代又於四庫之外，增加天文圖書，別爲六閣。元明以來，復仍唐之舊。清修四庫全書，而四部之名始定。由此可見由漢以來以迄今日，無一同者。信乎分類之難也！

然分類之難，不難於經史集，而難於子。蓋經史集三類，頗有畛域，易於判別。若子類，則無畛域之可言，判別維艱，故古人或分或合，議論紛然，莫衷一是。如歆之七略，固之六略，以諸子與兵書，術數，方技，分而爲四。孝緒之七錄，合兵於子；而技術復別爲一類。任昉五部，子之外又有術數。宋人六閣，亦別天文圖書於子之外。是子之範圍甚爲單純，而不至如後世之駁雜。自荀勗創立四部，合諸子，兵書，術數而一之。唐以後之四庫，遂以子部包羅十餘類之多；殊與古人異，然子部之範圍究若何？兵書，術數，方技，天文圖書之屬，果可入於子部耶？抑不能名之曰子耶？是亦古今一大疑問也？

大抵世之論子部者有廣狹二義；而以荀勗爲二者之樞紐。荀勗以前，皆取狹

·国学研究法·
上海民智书局
一九三〇年版

義者也。荀勗以後，皆取廣義者也。（惟宋略異。）取狹義，故分類多。取廣義，故分類少。然由前之說，則術數方技諸類，究將奚屬？由後之說，又能否名稱其實耶？此古今學者所以聚訟紛紜也。

竊謂古今圖書，皆所以達意而明理；原六通四辟，而非判若鴻溝，有一定之界限。故言其小，則同爲儒家，而有孟荀；[5] 同爲道家，而有老莊；[6] 同爲法家，而有申韓；[7]（按老與莊申與韓俱不相同）同爲禮學而有鄭王；[8] 同爲性理而有朱陸；[9] 各明一義，不可以强同。若言其大，實無往而不通。學者特立四部，而以經史子集統之，原爲未當。惟學者爲以簡御繁起見，提綱挈領，舉其大以統其小，本爲不獲已之苦心；則以術數，方技諸類，附於子部之後，亦無大害。然以之與周秦諸子相較而並觀，則淵源各別，擬非其類。而失諸子之眞矣。古人著書，必持之有故，言之成理，卓然成一家言，而後可以名曰子書。唐宋以後，諸子道衰。類書繁起，鈔胥是務，勦襲相因，

·国学研究法·
上海民智书局一九三〇年版

亦褎然列名於子部之中，子書之體不明，先民之緒遂湮！無惑乎諸子百家之學，響沈景絕於後世，而綴學汲古之士，所以佁然而懼也！古之學術：曰道。曰器。道者形而上。器者形而下。形而下者有形。形而上者無形。諸子百家之學，寄想於無朕，役志於無涯，顯之家國天下之大，隱之身心性命之微，皆純然爲無形之學；故其爲道誠爲百學之冠！下視彼紛紛者，均亡足以攀其肩！惟昔在古代，天地秘藏，鑰之未啟，至周秦之際，諸子乃逐浪犇瀖，礐石漂沙，扶輿旁薄，坌然興起，開古今未有之奇觀！吾國所以獲稱爲數千年聲名文物之邦，亦賴此焉！然吾國學術之盛，莫過於周秦；而吾國學術之衰，亦自周秦始！蓋盛極難繼，理則然也。

自秦政愚民，燔百家語，諸子之學，掃蕩無餘！後儒掇拾殘灰，雖復稍出；然趙綰等請罷黜於漢；（按漢書武帝紀建元元年，丞相綰奏所舉賢良或治申商韓非蘇秦張儀之言，亂國政，請皆罷，奏可。）呂公著請排斥於宋；（按宋史呂公著傳元祐元年，公著請令禁主司不得出題老莊書，舉子不得以申韓佛書爲學。）李廷機請嚴禁於明；（按翰院名臣錄：李廷機入翰院爲講官時，子書盛行，廷機以異端害教，非表章六經，尊崇孔孟之意，乃上疏數千言，請嚴禁罷黜之。疏太長不錄。）雖自漢以後，歷代間有奉詔校定及詔求子書之事，（如漢武帝元朔五年，詔諸子傳說皆充秘府，見漢書藝文志序。成帝時，詔劉歆與父向領校秘書講諸子，見劉歆傳。後漢安帝永初中，詔劉珍校定東觀諸子等書。見後漢書劉珍傳。順帝永和元年，詔伏無忌與議郎黃景校定諸子百家藝術，見後漢書伏湛傳。唐玄宗開元元年，詔中書令張說舉能治易老莊者，見新唐書儒學康子元傳。開元八年，馬懷素卒後詔秘書館並號修書學士草定四部，又令毋煚劉彥直等治子部書，見儒學馬懷素傳。開元二十年，置崇元學令習老莊列文等書，準明經例舉送，見舊唐書禮儀志。開元二十九年，詔求明道德經及莊列文子者，見新唐書玄宗本紀及選舉志。天寶元年，詔以莊

·国学研究法·
上海民智书局
一九三〇年版

文列庚桑爲眞經；又詔崇文習道德經，見舊唐書本紀及禮儀志。宋眞宗景德二年，幸龍閣觀書見眞宗實錄；三年，御崇政殿，觀秘閣新校子庫書；四年召輔臣登太清樓觀新寫四部書；仁宗景祐三年，命張觀等編四庫書；皆見玉海。金世宗大定二十三年，使譯經所進所譯老子揚子文中子劉子等書分頒行之，見金史本紀。此皆可考見者也）或在上者有所嗜好，自行譔著爲天下倡。（如魏武帝注孫子。梁武帝善老子，製老子講疏，并釋典諸經義記數百卷。簡文帝製老莊法寶連璧諸書。元帝製補闕子十卷，老子講疏四卷。唐代推尊道家，提倡尤力。明太祖亦喜道德經諸子百家之書）。然前者不過飾爲具文以壯外觀；（如漢武帝旣詔求諸子，又罷黜百家。）後者又往往援諸子而入於神仙，去之益遠！（如梁武帝簡文帝等雖喜老莊，究不得其眞義。唐代自以爲老子之後，因尊崇老子，并及道家諸人，然視道家之學等於神仙，其尊老子爲皇帝，莊列文庚桑諸子爲眞人，尤爲可笑。）而世之學者類以爲諸子之學，皆反經術，非聖人，明鬼神，信物怪，小辯破義，小道不通，致遠恐泥，皆不足以留意。（語見漢書東平思王宇傳。）自宋儒以後，叢肆爲詆斥，目爲異端邪說，束其書而不觀，於是諸子遂成絕學！

大氏在昔古代，諸子之學在官，而秦漢以後，諸子之書亦在官，故秦政燔書，令天下以吏爲師，漢以馬上得天下，謾視儒生，厲行挾書之禁；厥後禁雖解除，然成帝河平五年，東平王宇來朝，上疏求諸子書，拒而不與。（見漢書宇傳。）南宋文帝元嘉三年，沮渠蒙遜遣使奉表請周易及子集諸書，文帝並賜之，合四百七十五卷。（見宋書大沮渠蒙遜傳。）此可見當時諸子之書，皆儲於官府，民間絕無可得，故藩王外國紛紛請求，蓋此亦秦政愚民之術，延數百年而不變。是以漢於藩王則拒之；宋於外國則可以與之；亦均有深意於其間。子學衰微之因，亦端在於是，

迨隋唐以降，子部之籍，漸散及於人間；然亦因是而亡佚者，又不知幾許，徵諸

·国学研究法·
上海民智书局
一九三〇年版

唐宋，可以推見如唐初圖書分立四部，置知書官八人分掌之。凡四部庫書，兩京各一本（見舊唐書經籍志後序）開元十九年，集賢院所儲子庫，共二萬一千五百四十八卷；至天寶三載，更造四庫書目，則子庫僅一萬六千二百八十七卷；（見唐會要）亡者殆三之一！至宋眞宗景德二年，幸龍閣觀書，則子書又僅八千四百八十九卷，（見眞宗實錄）四年，召輔臣登太清樓觀新寫四部書，子庫亦僅八千五百七十二卷，（見玉海。）方諸天寶，亡者又居半數！及仁宗景祐元年，命張觀李淑宋郊等編四庫書，二年，上經史。明年，上子集萬二千三百六十六卷；（亦見玉海。）其數并集庫言之，則其時子書殆又少於眞宗景德四年之數。（按景德四年，集庫五千三百六十一卷，合子庫共萬三千九百三十三卷。今以景祐時較之，則子集共少一千五百餘卷。）是可見子部之書，每隨世而銳減，銷亡於無形；或燬於火；或散於兵；或沒於水；或湮霾於文人學士之擯棄；其銳減之數，銷亡之速，偶一稽檢，輒足駭人聽聞！其諸史經籍藝文志之所錄，求諸今日，殆又十亡八九，此尤子書之大阨也！（按近儒鄭獻甫作書不亡於秦火論曰：『隋以後一束於唐人之正義，專主一家；再棄於宋人之講義，盡廢百家，而漢魏之古書隋唐之舊本，於是乎日湮月沒而盡亡矣。』又曰：『隋經籍志較漢藝文志所錄殆少十之三，宋藝文志較隋經籍志所錄又少十之三。而唐時藝文類聚宋時太平御覽以及孔沖遠疏諸經顏師古注漢史李崇賢注文選所引諸書，或存或佚，今多未見，此不焚而焚者也。』其言最爲詳盡沈痛，雖非專指子書言之，而子書殆尤甚也。）

清代右文，碩學輩出，於數千年殘缺之子書，爲之考訂掇輯，蔚然可觀；諸子一線之微緒，賴茲不墜，厥功最偉！然於百家分合異同之故，及其淵源派別之所在，姓氏名字之紛亂，則闕焉未詳！又往往以數術方技二類與諸子相混雜。識者憾之。余不敏，治百家語有年，寢饋既久，頗有所悟；每亦有爲前人所未見及者。竊不自揆，用敢以積年所得，援近儒禮經通論之例，述爲茲篇，分章標論。前後仍有條貫；往往一篇之稿，經年累月而後就，雖有時言或近於奇衺，而詳徵博引，必有据依；非敢故立異說。至若篇中所述，悉依漢志以存子書之眞，惟九流之外，若小說家者流，雖不足與諸家並；然亦爲論道之書，爲當時之所尙。兵書一類，尤純然爲子體；不過成帝時，諸臣奉詔分門校輯；以用兵之道，所關靡細，其書亦繁富，其中類別頗多，故別立一類，專人任之；迨劉班纂述，悉仍其舊；而其實與諸子絕無所異。（按漢志序謂成帝詔劉尙校經傳諸子詩賦，步兵校尉任宏校兵書，尹咸校數術，李柱國校方技，是兵書別立一類，實始於其時。蓋以任宏知兵，故命宏專任其責。及歆之七略，固之藝文志，皆仍其舊而不變，故班氏敘述諸子十家，皆云出於某官，而於兵家亦云出古司馬之職，體例無異，是可知兵家亦諸子之一也。阮氏七錄合兵於子，最爲有識，惟宜列兵於子中，不宜既曰子，又曰兵，似截然二事耳。）雖亦併述及；博雅君子，幸有所

·国学研究法·
上海民智书局
一九三〇年版

正焉。

1. 孫星衍，字淵如，淸陽湖人。乾隆進士，官至山東督糧道。著有尚書今古文注疏，周易集解等。

2. 隋書經籍志「東晉之初，著作郎李充以勖（荀勖）舊簿校之，其見存者但有三千一十四卷，遂總沒總篇之名，但以甲乙爲次。自爾因循，無所變更。」

3. 隋書經籍志「宋元嘉八年，秘書監謝靈運造四部目錄，大凡六萬四千五百八十二卷。」又齊永明中，秘書丞王亮，監謝朏又造四部書目，大凡一萬八千一十卷。」

4. 隋書經籍志：「梁有秘書監任昉殷鈞四部目錄，又文德殿目錄；其術數之書，更爲一部，使丞朝請祖暅撰其名，故梁有五部目錄。」

5. 孟子主性善，荀子主性惡。

6. 老子哲學近於入世，莊子哲學近於出世。

7. 申不害主術，韓非子主法。

8.漢末鄭康成本傳小戴禮，後以古經校之，取其義長者爲鄭氏學。鄭氏撰周禮註疏四十二卷。宋王安石撰周禮新義十六卷，訓詁字義，頗多穿鑿。

9.朱熹主道學問；陸象山主尊德性。

宋明學說與佛學之眞詮（新中國雜誌）姚鵷雛

我今著爲此論，其有一要語，所當先爲聲叙者，卽中西文明之異點。其在泰西，哲學與宗教，彼此消長，幾於絕對的不能溝通。而吾土則恆以學說的觀念談宗教，復以宗教的形式擴學說。吾土宗教之高尚以此，而學說之所以不能成爲一强有力之系統者，亦在此。然宋明之間心性學興。在我國學術史上，亦自有研究之價值，不可誣也。

宋明學說，大略可別爲唯心與唯物之二派。1伊川2晦翁3主於格物窮理，

·国学研究法·
上海民智书局
一九三〇年版

所謂唯物派也。象山[4]陽明[5]主於本心良知，所謂唯心派也。其失則唯物派者牽引經傳，泥守故說，不能以科學的眼光，發明新理。唯心派者惑於儒釋，務與佛氏持異同，而不復自極其高深。然此非可持以語三百年上之學術史也。就其所詣，亦足傳矣。

宋學之精者，曰明道氏，[6]曰伊川氏，曰橫渠氏，[7]曰晦庵氏，曰象山氏。明道學說，萃於識仁定性二篇。識仁曰：「識得此理，敬誠以存之而已。不須防檢，不須窮索。」此言心量也。心量無畔岸，無在而弗現，自無始來，色受想行識，五蘊相交，[8]而生生滅心。生滅心生，而一切法生矣。圓覺經[9]曰：「幻身滅故，幻心亦滅；幻心滅故，幻塵亦滅；幻塵滅故，幻滅亦滅；幻滅滅故，非幻不滅。」故生滅心息，則眞如心現。然眞如生滅，本是一源，舍生滅亦無以見眞如。[10]於生滅萬變中，而眞如湛然常存。吾人聖諦第一義，永無斷續，永無增損。故明道曰：「不須防檢，不須窮索。」防檢者，作病也。(作病者何？是服之摩體提(幻)藥所成也。彼意自謂此圓覺性必須劬勞肯綮，作種種行，度種種生，方得成就。不知所謂圓覺性者，本非可作。見吳宗慈佛學臆言)窮索者，思議境也。眞如本體絕於言說擬議，宗門所謂擬議便不是所謂離言說相，離文字相，離心緣相也。

定性書曰：「動亦定，靜亦定，無將迎，無內外，廓然而大公，物來而順應。」此言心體也。心體無界。眞如常存。一切諸法，惟依妄念而有差別。若離妄念，則無一切境界之相。茲所謂動靜將迎內外者，括之則爲一生滅心，離之則爲種種相。所謂定者，卽如來藏中所謂藏識。意根既斷，藏識自融。欲斷意根，先空諸相。動靜者，言時間也；內外者，言空間也。入世出世，一切諸法，動靜內外而已。火然泉達，相續乎前，則萬事萬物，無非動者。原始返終，物質不滅，則萬事萬物，無非靜者。是無動也，無靜也。譬不忘色，聲不忘聲，是孰爲外者？涉樂必笑，言哀已歎，是孰爲內者？是無內也；無外也。一

·国学研究法·
上海民智书局
一九三〇年版

切衆生，依能見性，而有境界相；依境界相，而有智相。（卽分別心）動靜內外，則智相也。依智相而有相續相，執取相。於是樂受苦受。生其迎拒，而有將迎。言將迎者，兼拒却義。單擧正義已足兼賅反義也。動靜內外通乎前，而將迎以應之，則百變樊然，生滅心生矣。轉生滅而入眞如，曰定。廓然則無弗受也，順應則無弗反（同反響）也。無所弗受。無所弗反。實卽無受無反也。是心之本體也。（識仁定性於眞如生滅之理反復盡至，故爲宋學之如來藏）伊川氏之言曰：「語默猶晝夜，晝夜猶死生，死生猶古今。」此言可謂制割大理彌綸萬彙者矣。夫縱觀古今，橫覽大地，不過一念。此念未生以前，山河大地實無片影。此念既生以後，山河大地，亦不存留。乃復念念繼續，生生不已而三千大千世界成矣。紫柏大師曰：「夫寒往則暑來，夜往則晝來，開往則合來。而寒往則暑來，是以一歲言之也。夜往則晝來，卽一日言之也。開往則合來，就一瞬言之也。衆人以一歲爲長，以一日爲短，以一瞬爲短中之短也。殊不

·国学研究法·
上海民智书局
一九三〇年版

知由瞬而日，由日而歲，由歲而成古今，皆念後事也。如一念不生，前後際斷，短長路窮，則所謂歲之與日，日之與瞬，皆睡中語耳。豈大覺之境哉？」又曰：「離一念之前者，則刹那不可得；離刹那，則十世古今不可得。」斯言何其與伊川若合符節哉？由是故知一切衆生，自無始來；世間，出世間，一切諸法，只有一念。抑此一念也，果何從而生哉？未念之前，何以不生？既念之後，何以不住？由是而推之，凡爲過去一切思議境界，如露復如電，一切爲過去。是故過去心不可得。凡爲未來一切思議境界，如夢幻泡影，一切爲未來，是故未來心不可得，凡爲現在一切思議境界。如水之下灘，如駒之過隙，一切不曾駐。是故現在心不可得。過去未來現在俱不可得。是此一念復著何所？抑此一念也，果何自而成哉？色聲香味觸現之於外，受想行識蘊之於內，交互錯綜，而成此念。譬之於色，我見美錦，若無美錦，還能見否？曰不能見。若無有我，還能見否？曰無有見。我倘不見美錦，還有念否？曰無有念。譬之於聲，我聞鐘磬。若無有鐘磬。則我無所聞。若無有我，亦無有聞。旣無聲聞，復安有念？其餘香味觸，亦復如是。東坡詩曰：「若言絃上有琴聲，放在匣中何不鳴？若言彈之始有聲，何不於君指上聽？」是故此一念也，實無有念。紫柏老人曰：「最初觀起，先觀此分別好惡之心，從境生耶？從自生耶？若從境生，我無知覺不生。若從自生，境不觸我不生。此心又以受蘊爲根，以受歸境，以想歸受，以行歸想，以識歸行，粉碎虛空，初無一物。然而欲知一切無念，非先知古今晝夜，只有此一念不可也。何也？眞如生滅，本爲一源；一念者，生滅也。無念者，眞如也。知古今晝夜只有一念，則知天地古今實無一念矣。」此伊川之所以不可及也。

伊川又曰：「人有身須有才，聖人忘己，更不論才也。」此論無我之學，最爲切當。蓋欲離諸執，先空我相；欲空我相，先忘此身。身相旣忘，心性隨泯。圓覺經曰：「一切諸衆生，身心皆如幻；身相屬四大，[12] 心性歸六塵；[13] 四大體各離，誰爲和合者？」

·国学研究法·
上海民智书局
一九三〇年版

紫栢復于民部曰：「何由而有此身？何由而有此心？此身不過四大假合，此心不過四蘊湊成。地水火風，謂之四大，受想行識，謂之四蘊。卽就民部皮肉筋骨，總總罣碍的，便是地大，痰唾血脈，津液便利，便是水大，遍體暖熱之氣，便是火，動轉助民部趨走運動者，便是風。此四件合則有身，不合則此身何在？於此須切諦，觀我身之四大與外之四大，是同是別。外四大者，脚下踐履的謂之地大。眼前九江流的水謂之水大。日常灶裏燒的，燈上點的，及一切曰色暖氣謂之火大。長江送客，帆飽如飛，林木動搖，浮萍聚散，便是風大。此與民部別，則民部此身又自何來？蓋我人之四大，必感外四大而成。民部獨能離四大部而有此身耶？果不能離，則內四大卽是外四大。若卽是外四大者，豈有有智之人，認踐履之土，九江之水，灶中之火，樹頭之風，爲自己身耶？」此言銓解圓覺之義，最爲深切著明。今伊川曰：「人有身須有才。」此言衆人之我執也。一切衆生，自無始來，執着我相，妄生分別。老子曰：「人之大患，爲我有身。若無我身，則後何患？」故有身者，衆人之妄執。無我者，君子之達道。才謂智相，卽分別見也。惟有我相，乃生分別相。若聖人者，不囿於我而我大。忘物而物莫能撓，是卽所謂齊物也。故曰：「聖人忘己，更不論才也，」伊川可謂深明般若平等之旨矣。

橫渠東銘曰：「戲言出於思也；戲動出於謀也；過言非心也；過動非誠也。」此明圓覺修持之方也。何以言之？本心湛然，不生不滅，故曰般若[14] 如大火聚，四面不可入，若有可入，是其中虛，是般若有斷滅時矣。般若如清凉池，四面皆可入；若不可入；是其中滿，是般若有泛濫時矣。無方無體，不虛不滿，是故不生不滅。由是言之，圓覺妙相本無有體，生滅妄心亦無有相。生滅妄心，既無有相，更無方法，可以斷滅生滅，別起眞如。何以故？眞如生滅，是一非二故。古德云，居一切時，不起妄念，於諸忘心，亦不斷滅。蓋眞妄二法，初非相待。非曰眞如起時，妄念便滅，尤非曰妄念起時，眞如已斷。圓覺經曰：「如銷金礦，金非銷有。」謂眞如本體，不假滅妄而存也。「既已成

·国学研究法·
上海民智书局
一九三〇年版

金，不重爲礦。」言諸妄心，不與眞如爲二也。又如冰之爲水，水已成氷，不可說言氷與水二，亦不可言氷與水一，氷復爲水，亦復如是。是故當知般若邪見，是一非二，如大火聚；則不可增益也；如清凉池，則不可損減也。儒家謂之弗妄弗助。增益者，助長也；減損者，忘也。橫渠曰：「戲言戲動，出於謀思。」戲者，不當爲而爲之謂；謀思者，擬議也。以思議心而出於戲言戲動，是之爲作病。（已見前）遇言遇動出於非誠。過者，任其自然而無制裁之謂，非誠則非本覺也，是之爲任病。（任病者何？是服圓覺清淨本無修證之案所成也。彼意自謂生死本空，不必更斷；涅槃本寂，亦不必求。信意而行，任緣而去，隨諸法性，逢貪卽貪，遇嗔卽嗔，此則恃天眞而不修，其病爲任。見佛教膚言。）作病者助長也；任病者，忘也。明道曰：「識得此理，敬誠以存之而已。弗忘弗助長也。」亦卽橫渠此言之意也。明道歸之於理，橫渠歸之於誠，皆言妙明覺心也。而東銘於脩持之方爲獨至矣。

横渠西銘曰：「天地之塞我其體，天地之帥我其性，民我同胞，物我與也。」此言萬物一體之意也。顧曰一體云者，非特等視有情，齊其愚智而已。庶物憑生，交互爲用，亦實有其胞與一切之情焉。何以言之？一切衆生，以有妄覺，而有因緣，以有因緣，而成接觸。凡諸因緣大別爲三：一曰相資。草木與人，爲異類矣。朝日圜行，吐故納新，而木葉樹枝，乃資炭氣以爲養。人吐其故，木以爲新；木吐其新，亦復如是。然則人資樹木以爲生耶？樹木資人以爲生耶？一而已矣。蚊蚋與人，可謂弗交矣。人資血食以爲生，而蚊蚋嘬人之膚，其爲生耶？其爲殺耶？一而已矣。一曰相感。物我交搆，而有五蘊。春草而榮，則人意忻；秋木黃落，而人意悴。其爲草木之欣悴耶？草木不自爲欣悴也。其爲人意之欣悴耶？不由攬景，固無以增斯懷也。一而已矣。一曰相生。不論內典之言四大內外，實爲一體；卽如科學家言人身之搆造原質爲鐵質若干分，鹽燐質若干分，斯鹽也，燐也，鐵也，其爲物耶，其爲我也？其在內四大，欲不謂之我，不可也。

·国学研究法·
上海民智书局
一九三〇年版

其在外四大，欲不謂之物，不可也。然則物我也者，內外而已。無生滅心，無分別境，則復安有物我之可言哉？茲言佛家之律首戒殺生，若言生者亦殺，殺者亦生；（物質不滅，故死不殊生；萬物一體，故無生死；生死云者，如晝夜之迭異，寒暑之交來而已。）則殺生之戒，似爲多事。不知佛戒造因，既是因緣，必入輪迴。福報，造福因也；業報，造業因也。福業雖殊，苦樂雖異，其爲造因均也。既爲造因，入生滅海，不證涅槃，則生滅海中，一切衆生之境界，咸我境界；一切衆生之苦樂，皆我苦樂；自然不得爲二也。平等閣載佛印燒猪待子瞻一語，引某筆記，謂東坡一日病熱將殆，佛印往視之，則絕矣。佛印則至某村某家叩其門，謂若有笠中豕生豭乎？曰然。佛印以錢易其所生第幾豭，杖而斃之，則東坡甦矣。越日坡病起，印延至市，出豭示之。坡頓悟云云。彼謂坡嗜黃州花豬，屢見吟咏，其與豬所造之因必甚多。由因而得報，理則然也。此事信爲東坡否，置之弗論，其理則有可信者。蓋佛氏之戒殺，重在禁絕造因，墮生滅海。世之論者，每以因報爲言，是殺生者造業報，則放生者造福報矣，福業不同，造因一也，猶非佛氏圓覺了義之意也。又謂戒殺生，在免物類之痛苦，不知物我旣一，不可分別，是物類痛苦，正我之痛苦，非免物類之痛苦，正免自己之痛苦耳。旣已造因，必有三更。（三更者即苦受樂受不苦不樂受是。）僅曰免受痛苦，是僅欲免苦受也。猶非極至之論也。至人者，萬法並照，而心未嘗有苦樂是逕，而不爲受；物我永寂，豈有三更之可言？蓋我體者天地之體，我性者天地之性，彌綸無間，渾茫如一，無所用其愛惜取舍於其間。生無可生，本未嘗不生也；殺無可殺，本未嘗殺也；則萬物一體之意也。特是佛氏專明本論，橫渠重在入世，於物來順應之間，丁寧致意爲多矣。

晦庵之學，言心爲多。觀心說曰：「夫心者，人之所以主乎身者也。」仁說曰：「語心之德，總攝貫通，無所不備，而一言以蔽之曰仁而已矣。」而其所以存養省察之方，則偏於道學問，而紹述程張，得其大體。理之精者，已著上方，惟其析理與氣而

·国学研究法·
上海民智书局
一九三〇年版

二之，則不知眞如生滅同一本源之理矣。以心爲一物，則不知妄心非心，眞心亦非心也。眞如無體，生滅亦無體，不可以一物視也。嘗謂宋明學者，往往以闢佛爲一大事。其視佛氏，無論如何，終目之爲彌近理而大亂眞。迹其所詆，則不遇曰空其心，死其心，制其心。朱子亦曰：「釋氏之學，以心求心，以心使心，如口齕口，如目視目。」其實皆未切也。無論恒沙法界，宗派萬殊，萬不能以一話槩之；卽以宗門言，（儒者闢佛，大抵指宗門，以宋時禪宗15 一派流行最盛也。）迦葉初祖16 首唱本來無法之旨，達摩初祖17 則有廓然無聖之機，所謂眞空卽妙有也。朱子之言，殆謂佛氏不從六藝百務上着手耶？若以妙明圓覺，必待六藝百務而後成，是性海爲不圓滿矣。卽如黃梨洲稍護陸王者，亦曰儒者之道從至變之中以得其不變者，而後心與理爲一。釋氏但見流行之體，故以知覺運動爲性，其所謂不生不滅者，卽其至變者也。層層掃除，不留一法，而至變中之不變者，則無所事之矣。」此語亦可謂未達一間，生滅至變者也，不生滅，則至變中之不變矣。眞如不動，生滅不息，更何所謂「至變中之不變則無所事之」者？知覺動運，佛氏屬之於識。轉識成智，方證圓覺。是亦未嘗以知覺運動爲性也。層層掃除，不留一法，而實不遺一法，佛氏果不知性乎？要之宋明學者之於佛氏，先成一洪水猛獸之見，髡髮緇服，不列齊民，講經結徒，不服世務，於是異類視之久矣。於學理之精微者，則未暇詳察，而摭拾光影，以爲本體，徒有排斥，不相溝通。此我所以曰以宗教的形式擴張學說之幟，而不復能自成爲務有力之系統也。蓋宗教之家，出主入奴，固其當然。若學術則爲世界公物，舜不得而私之。跖不得而毀之也，顧以形式上之異同，而遽斥其學說之非是，亦安足以服佛氏之心乎。

象山與紫陽持異同矣。黃梨洲謂：象山之學，以尊德性爲宗；紫陽之學，以道學問爲主。象山以易簡工夫自承，而以支離事業指紫陽。（鵝湖倡和詩象山有「易

·国学研究法·
上海民智书局
一九三〇年版

簡工夫終久大支離事業竟浮沉」一句。）要之象山發明本心，紫陽始於格物窮理，誠有不同處。若其歸宿，初不相遠，而其不敎佛氏則一也。而象山之言，益近於內典矣。

象山之言曰：「學者須是打疊田地潔淨，然後令之發奮植立。若田地不潔淨，則奮發植立不得。」斯言也，其即宗門菩提明鏡之喻歟？嘗謂教外別傳（世尊曰：我有正法眼藏[18]，涅槃妙心[19]，實相無相，微妙法門，不立文字，教外別傳，付屬摩訶迦葉。）之法，實證我佛心印，蓋以學人法裔持佛法藏，務於多聞，狠藉風光，轉成失墮。故我佛以別傳救之，不藉文字，不落言銓，眞指心傳，當下成覺。然而非不重修持，非不尙工夫也。末流狂禪，噪於機鋒，眞不必求，妄不必斷，行住坐臥，無適不可，罵祖訶佛，橫喝竪棒，是又我佛始意之所不及矣。即如神首秀菩提一頌，誠不及六祖超脫，然而時時拂拭，弗惹塵埃，究爲學者應有之事，蓋法性圓滿，而戒行萬千，是一切法，「非有亦非」無之本旨，固不可以本來無一物而遂棄其拂拭之功也。知一切法相圓滿，則無助長之病；知一切法不可無，則無忘之病。象山所謂打疊田地潔淨者，其即勤拂拭之旨乎？恨未遂說田地本來潔淨一語，樹義微似未圓。然其言曰：（萬法森然於方寸之間，滿心而發，充塞宇宙，無非此理。）則固非不知此義者矣。

明學之最著者，曰陳白沙，[20] 曰王陽明，曰王龍谿，[21] 曰王心齋，[22] 曰劉蕺山，[23] 白沙之學，攝於與林緝熙一書。其言曰：「此理干涉至大，無內外，無終始，無一處不到，無一息不運。得此把柄入手，更有何事？往古來今，四方上下，都一齊穿紐，一齊收拾，隨時隨處，無不是這個充塞。色色信他本來，何用爾手勞腳攘？舞雩三三兩兩，[24] 正在勿忘勿助之間。曾點些兒活計，被孟子打拚出來，便都是鳶飛魚躍。此理包羅上下，貫澈終始，無盡藏無分別故也。自茲以往，更有分殊處合要理會。」按此書闡發圓覺，已無餘蘊。楞嚴經[25] 開宗明義，七處徵心，初處即標無內外之旨。蓋自一切

·国学研究法·
上海民智书局
一九三〇年版

衆生，執着妄見謂心在身內，而後眞源顚倒，墮生死趣。內執旣破，六執悉解，故此云無內外。生滅一念，故無終始。(已見前)四大和合，故一齊穿紐。一齊收拾，無作病無任病。眞如不增，無明不減。故無用手勞脚攘。(已見前)其主要處，尤在「更有分殊處，合要理會」一語。理一而分殊，儒家之言分殊，即佛氏所謂五百威儀八千功德也。詆佛氏者，動謂其不諳世務，墮於虛空，不建事功，流於荒惰。不知佛氏固兼綜入世，不徒寂滅也。好靜惡動，謂之頑空，豈以大乘之教，而顧出此乎哉？

陽明之學，論之者衆矣。微言大義，昭若日星。其最有價値於學術史者，大畧如下。若其支言剩義，可闡者多，不盡錄也。(一)天泉澄道記：「無善無惡者，心之體。有善有惡者，意之動。知善知惡是卽知。爲善去惡是格物。」四語實能闡無生法忍之旨。無善無惡，則離言說相，離名字相，離心緣相，畢竟平等之義也。(二)說知行合一：「以聖人敎人，只是一個行，如博學審問愼思明辯皆是行也。篤行之者，行此數者不已是也。故致良知者，致之於事物，致字卽是行字，」斯語實深有見於內外圓融。卽心卽境之理。蓋知無不行，六種震動，意識已生，因緣斯起，是卽行矣。(三)「不思善不思惡時，是本來面目。本來面目，卽我聖門所謂良知。」此則直證一源，不須銓合，由是可知良知云者，不容思議，思議便錯。

龍谿心齋皆王門之健者。龍谿領天泉之微言，心齋標樂學之宗旨，而發揮無遺矣。嘗謂良者本也，良知卽本心之謂，非偏著爲良好也。故無善無惡，此語實足以銓良知之眞諦。王門學者泥於舊說，不敢破空而談，雖若雙江[26]念菴[27]一世之傑，猶多依違。獨龍谿能推倒一世而出之，信可謂豪傑之士也。梨洲亦謂「陽明之學有泰州（卽心齋）龍溪而漸失其傳，亦因泰州龍谿而風行天下。泰州龍谿時時不滿其師說，益啟瞿曇[28]之秘而歸之師，蓋躋陽明而爲禪矣。又曰所謂祖師禪者，以作用見性，諸公掀翻天地，前不見古人，後不見來者，釋氏一棒一喝，當機橫行，放

·国学研究法·
上海民智书局
一九三〇年版

下杜杖，却如愚人一般。諸公赤身担當，無有放下時節，」以上述泰州龍溪可謂得其眞者。當時我國學者，所指目以爲佛氏之學，大抵爲祖師禪一派，所謂教外別傳也。機鋒犀利，大體明白，而微細處頗有未盡。故儒者多以知理一而忘分殊譏之。泰州龍谿之近於佛學，亦惟近此一派而已。

劉蕺山氏則集王學之大成者也。主要學旨，則有數端：（一）體認淸切法曰：「身在天地萬法之中，非有我之所得私。心在天地萬物之外，非一膜之所能囿。通天地萬物爲一心，更無中外可言。體天地萬物爲一本，更無本心可覔。」按上語皆所謂體大思精，洞澈本原者。曰無私，則破除執相。曰無囿，則獨見眞如。曰無內外，則無境界相。曰無本心，則無我相。咸見上文，不復贅述。（二）語餘曰：心以物爲體，離物無知。今欲離物以求知，是張子所謂返鏡而索照也。然則物有時而離心乎？曰無時非物。心在外乎？曰惟心無外。是語尤合楞嚴求心之旨。離物無知，則眞妄一源矣。無時非物，則無明之相，不離覺性矣。楞嚴經云：「知幻即離，不作方便。離幻即覺，亦無漸次。」瓔珞本業經云：「是故一切衆生不名爲覺，以從本來念念相續，未曾離念，故說無始無明，皆此義也。

我述宋明學說與佛學至此，或者曰：「子以儒佛同異互爲溝瀋，無所發明，徒爲比坿，不亦勞乎？」答曰：「子未知吾國學術史之本源也。夫佛學亦詎非震旦之學哉？弗論教外別傳之宗門，至我國而其統系始大，其光彩始爛，卽如教律淨土三宗，[29]其入我國亦無不發揚增長，成一異彩。按之源流，歷歷可考也。則佛學者，固爲我國學術史上之陪臣，而不能不認其爲有主體之性質者矣。獨宋明之學，流傳雖盛，而苦其不能成一强有力之系統。則比附而連論之，固亦究心學術者所應有事也。若夫發明增進，敢以待之來者。」

1. 哲學上說實在之本性者，有一元論與二元論多元論相對立；而一元論中又有唯心論與唯物論相對唯心論者以爲實在之終極，與人間意識中所得而經驗者相同，或相似。自然之本質，是爲精神；物質之現象，亦不外精神之作用而已。唯物論者以爲宇宙萬有，盡可由物質說明之。一切現象，窮其究竟，無不可還原於物質。卽如精神現象，常人視爲與物質現象根柢全殊者，其實仍是物質運動耳。

2. 程頤，字正叔，時號伊川先生，宋洛陽人。生平爲學以誠爲本，以窮理爲主。著易傳及春秋傳等。

3. 朱熹，字元晦，後改字仲晦，自稱晦翁，宋婺源人。考亭爲其講學之所，故稱考亭學派。其論治，以正君恤民爲主。其爲學，以居敬窮理爲主。

4. 陸九淵，字子靜，宋金谿人。居貴谿之象山，時稱象山先生。其爲學宗旨，與朱熹各異。嘗與朱熹會講鵝湖，論多不合。朱重道問學，陸重尊德性；朱好註經，陸謂學苟知本，則六經皆我註脚。

5. 王守仁，字伯安，明餘姚人。嘗築室陽明洞中講學，世稱陽明先生。其學以良知良能爲主。

6. 程顥，字伯淳，宋洛陽人。與弟頤皆學於周敦頤。其爲學泛濫於老釋諸子，返求諸六經而後得之。著定性書與太極圖說相表裏。及卒，文彥博題基曰明道先生。

·国学研究法·
上海民智书局
一九三〇年版

7.張載，字子原，世稱橫渠先生，宋郿人。居南山下，授徒講學。其學大旨尙禮，以易爲宗，以中庸爲體。著正蒙及東銘，西銘。

8.佛家謂色，受，想，行，識，爲五蘊。蘊者，積聚蘊藏之義。色即形相；受即嗜欲；想即意念；行即業緣；識即心靈。

9.佛教大乘有圓覺經。覺悟之道，平等周滿，毫無缺漏，故曰圓覺也。

10眞如者，眞實如常之謂，蓋實體實性，永世不變之眞理也。唯識論云：「眞謂眞實，顯非虛妄；如謂如常，表無變易。」

11明紫柏大師，名僧可，號達觀，有紫柏老人集。

12四大，俱舍論所說。地，水，火，風，此四者廣大，造作生出一切之色法，故名四大。

13六塵，

14般若者，圓常之大覺也。

15禪，靜也。禪宗直指人心，見性成佛；此宗不立文字，稱爲頓門，又稱心宗。

16 迦葉，迦葉即摩訶迦葉，即迦葉波。釋迦之大弟子。本事火外道之徒，後歸佛教。釋迦沒後，爲佛教之長老。

17 達摩，天竺僧。梁武帝時。來中國。後止嵩山少林寺，面壁九年而化。爲禪宗第一祖。

18 正爲佛心之德名；此心徹見正法，故曰正法眼；深廣而萬物含藏故曰藏。

19 涅盤妙心爲佛心之本體；體寂滅，故曰涅盤；不可思量分別，故曰妙。涅盤有寂滅，滅度，解脫諸義。

20 陳獻章，字公甫，明廣東新會白沙里人。其爲學，以虛爲基本，以靜爲門戶，以四方上下，往古來今，穿湊紐合爲匡郭，以日用常行分殊爲功用，著有白沙要語。

21 王幾，字汝中，號龍溪，明山陰人。受業陽明，爲王門大弟子，陽明沒後，爲王學之中心。其爲學不重格外致知，而以直接冥合天理，超越善惡之差別，以期合於宇宙之本體。

22 王艮，字汝止，號心齋，明安豐場人。中年始受業陽明。陽明歿後，專事講學，與龍溪幷稱「王門二王」。其爲學以大學格物說爲根柢，謂格物當以安身安心爲第一要諦。

·国学研究法·
上海民智书局
一九三〇年版

23 劉蕺山，名宗周，字啓東，又號念台，明紹興山陰人。遠近弟子來學者衆，乃開蕺山書院以講學。其爲學自程朱入門，更採陽明良知說，而著力於中庸「未發之中」一語。

24 論語先進，孔子令弟子各言其志，曾點對曰：「莫春者，春服既成，冠者五六人，童子六七人，浴乎沂，風乎舞雩，詠而歸。」孔子喟然歎曰：「吾與點也。」

25 楞嚴經，佛教大乘秘密部，有大佛頂首楞嚴經，闡明心性本體，首楞翻一切事竟，嚴者堅也，謂一切事畢竟而堅固也。

26 聶豹，字文蔚，號雙江，明永豐人。官陝西按察副史，爲輔臣所惡被逮，獄中靜極，忽見此心眞體，光明瑩徹，萬物皆備。乃喜曰：此未發之中也，守是不失，天下之理，皆從此出矣。及出獄，與來學者立靜坐法，使之歸寂以通感，執體以應用。

27 羅洪先，字達夫，號念庵，明吉水人。其爲學，始致力於踐履，中歸攝於寂靜，晚徹悟於仁體。

28 瞿曇，佛之先世姓瞿曇，故世稱佛爲瞿曇，亦作喬答摩。

29 在心云法，法發於言云教。律者，禁制之法也。律宗即四分律宗。四分律，佛滅後百年，依曇無德羅漢而成別部。支那傳譯之，至唐之南山而大成。淨土宗以普賢爲初祖，主於念佛往生，晉慧遠專倡淨土法門。

論近人講諸子之學者之失（學衡雜誌）

柳翼謀

近日學者喜談諸子之學，家喻戶習，寖成風氣；然撢擥諸子之原書，綜貫史志，洞悉其源流者，實不多覯。大抵誦說章炳麟梁啟超胡適諸氏之書，展轉稗販以飾口耳。諸氏之說子家學派，率好抨擊以申其說，雖所詣各有深淺，而偏宕之詞，恆謬盭於事實。後生小子，習而不察，沿訛襲謬，其害匪細，故略論之以救其失。

講求學術，必先虛心讀書，實事求是；不可挾一偏之見，舞文飾說，強古人以就我。此即諸氏所稱客觀之法也。

章炳麟諸子學略說：『記事之書，惟有客觀之學。黨同妒異，則客觀之學，必不能就。』

·国学研究法·
上海民智书局
一九三〇年版

胡適中國哲學史大綱：『清初的漢學家嫌宋儒用主觀的見解，來解古代經典，有種種流弊。故漢學的方法，只是用古訓古音古本等等客觀的根據，來求經典的原意。』

然諸氏好稱客觀；而其論學則多偏於主觀；逞其臆見，削足適履，往往創爲莫須有之談，故入人罪。如

章炳麟諸子學略說：『老子以其權術授之孔子。而徵藏故書，悉爲孔子詐取。孔子之權術，乃有過於老子者。孔學本出於老，以儒道之形式有異，不欲崇奉以爲本師；而懼老子發其覆也；於是說老子曰：「烏鵲孺魚傅沫細要者化有弟而兄啼。」——老子膽怯，不得不曲從其請，逢蒙殺羿之事，又其素所怵惕也。胸有不平，欲一舉發。而孔氏之徒，徧布東夏，吾言朝出，首領可以夕斷。於是西出函谷，知秦地之無儒，而孔氏之無如我何；則始著道德經以發其覆。藉令其書早出，則老子必不免於殺身。如少正卯在魯，與孔子並，孔子之門，三盈三虛，猶以爭名致戮。而況老子之凌駕其上者乎！嗚呼！觀其師徒之際，忌刻如此！則其心術可知，其流毒之中人亦可知已！』

胡適諸子不出於王官論：『周室王官視諸子之學術，加天地之懸絕。諸子之學，不但決不能出於

·国学研究法·
上海民智书局
一九三〇年版

王官；果使能與王官並世，亦定不爲所容，而必爲所焚燒坑殺耳。此如歐洲教會操中古教育之權，及文藝復興之後，私家學術隆起，而教會以其不利於己，乃出其全力以阻抑之，哲人如卜魯諾乃遭焚殺之慘。[3] 其時科學哲學之書，多遭焚燬，笛卡兒[4]至自毀其已著未刊之天地論，使教會當時得行其志，則歐洲今世之學術文化，尚有興起之望耶？是故教會之失敗，歐洲學術之大幸也！王官之廢絕，保氏之失守，先秦學術之大幸也！』

章之論孔老，則似近世武人政黨爭權暗殺之風。胡之論王官，直同歐洲中世教會黑暗殘酷之狀。不知其何所據而云然？章所據之論證：一爲莊子天運篇之文，其下文曰：『「久矣夫丘不與化爲人！不與化爲人，安能化人！」老子曰：「可丘得之矣！」』郭象注曰：『夫與化爲人者，任其自化者也。若繙六經以說，則疏也。』而章氏出以臆解。

諸子學論略自注：見莊子天運篇。意謂已述六經學，皆出於老子，吾書成，子名將奪，無可如何也。

不知烏鵲孺魚傳沫等語，何以卽有奪老子之名，且含逢蒙殺羿之事之意。莊以名其任化，章乃目爲背師，是直不知老孔爲何等人物，故以無稽之談誣之也。一爲論衡講瑞篇，夫孔子殺少正卯之事，前人疑之者多矣。

梁玉繩史記志疑(5)歷引明陸瑞家清王澍尤侗閻若璩等之說，以辨其非實事。陸氏之說尤精。其略曰：『昔季康子問政孔子曰：「爲政，焉用殺！」豈有己爲政，未滿旬日，而卽誅一大夫耶？卯旣爲聞人，亦非不可敎誨者；何至絕其遷善之路，而使之身首異處耶？魯季氏三家，陽貨奸雄之尤者，司寇正刑明辟，當自尤者始。尤者尙緩而不誅，誅者可疑而不緩。兩觀之思，不其有辭於孔氏哉？不告而誅，不啻專殺大夫矣！聖人爲之乎？凡此皆涉於無理，故不可信。朱元晦嘗疑此以爲不載於論語，不道於孟子；雖以左氏內外傳之誣且謗，而猶不言。獨荀況言之。愚謂況，忍人也！故以此爲倡。當是時，吾見三桓之弱魯矣！未聞卯之奪君也！此其刑政緩急之間，一庸吏能辨之，況吾夫子哉？』

·国学研究法·
上海民智书局
一九三〇年版

何得以此爲孔老相猜之證？章氏以此誣孔子；胡氏更爲之推波助瀾：

中國哲學史大綱：『孔子作司寇，七日便殺了一個亂政大夫少正卯。有人問他「爲甚麼把少正卯殺了？」孔子數了他的三大罪：一其居處足以聚徒成黨。二其談說足以飾衺熒衆。三其強禦足以反是獨立。中國古代的守舊派，如孔子之流，對於這種邪說，自然也非常痛恨。所以孔子做司寇，便殺少正卯。』

按胡以少正卯鄧析並舉；而於殺鄧析之子產，獨疑其不確。（中國哲學史大綱：左傳魯定公九年，鄭駟歂殺鄧析而用其竹刑，那時子產已死了二十一年，呂氏春秋和列子都說鄧析是子產殺的。這話恐怕不確。）何以於孔子殺少正卯，卽認爲確？左傳詳載孔子會齊隳都之事，未嘗記殺少正卯之事。故荀子尹文子稱孔子誅少正卯，[6] 與列子呂覽之稱子產殺鄧析同一不確。[7] 詒謂鄧析尙有其人，故傳載之。少正卯則並無其人。不然，卯之徒黨既多，何以不流傳其學說？

藉令孔子有殺少正卯之事，亦不得以此推之於老子。至於焚燒坑殺則桀紂白起項羽之所爲；何以斷定古之王官，皆是桀紂起羽？王制有「執左道以亂政者殺」之語；未嘗有執左道以亂政者焚坑之律也。歐洲教會焚殺哲人，與古王官直是風馬牛不相及，王官行事，何以必同於教會？假使如此論史，則世有嫪毒，便可斷定古人無不奸淫。世有盜跖，亦可設想古人無非盜跖。恐雖宋儒，亦無此等主觀的見解也。

章氏好詆孔子而篤信漢儒，故論諸子源流，猶守七略之說。胡氏之好詆孔子，與章同；而於諸子出於王官之說，獨深非之。

胡適諸子不出於王官論：『今之治諸子學者，自章太炎先生以下，皆主九流出於王官之說。此說關於諸子學說之根據，不可以不辨也。又近人說諸子出於王官者，惟太炎先生爲最詳；然其言亦頗破碎不完，如引藝文志之說，而以爲「此諸子出於王官之證」。此如惠施所云，「以彈說彈」，不成論證

·国学研究法·
上海民智书局
一九三〇年版

也」

其作哲學史大綱，卽本此主張。從春秋時代開端；而其前則略而不論。按胡氏所據以駁劉歆班固者凡四書：

諸子不出於王官論『第一劉歆以前之論周末諸子學派者，皆無此說也。甲、莊子天下篇。乙、荀子非十二子篇。丙、司馬談論六家要指。丁、淮南子要略。古之論諸子學說者，莫備於此四書；而此四書，皆無出於王官之說。』

而其文惟引淮南要略。

諸子不出於王官論：『淮南要略專論諸家學說所自出，以為「諸子之學，皆起於救世之弊，應時而興，故有殷周之爭，而太公之陰謀生。有周公之遺風，而儒者之學興。有儒學之敝，禮文之煩擾，而後墨子之教起。有齊國之地勢，桓公之霸業，而後管子之書作。有戰國之兵禍，而後縱橫修短之術出。有韓國之法令，新故相反，前後相繆，而後申子刑名之書生。有秦孝公之圖治，而後商鞅之法興焉。」此所論列，雖間有考之未精，然其大旨以爲學術之興，皆本於世變之所急。其說最近理。即此一說，已足摧破九流出於王官之陋說矣！』

不知何以不引莊子天下篇？學者但取天下篇一讀，則胡氏之說之謬立見。

莊子天下篇：『不侈於後世，不靡於萬物，不暉於數度，以繩墨自矯而備世之急；古之道術有在於是者。墨翟禽滑釐聞其風而說之。不累於俗，不飾於物，不苟於人，不忮於衆。願天下之安寧以活民命，人我之養，畢足而止，以此白心；古人道術有在於是者。宋鈃尹文聞其風而說之。公而不當，易而無私，決然無主，趣物而不兩，不顧於慮，不謀於知，於物無擇，與之俱往；古之道術有在於是者。彭蒙田駢愼到聞其風而說之。以本爲精，以物爲粗，以有積爲不足，澹然獨與神明居；古之道術有在於是者。關尹老聃聞其風而說之。芴漠無形，變化無常，死與生與？天地並與？神明往與？芒乎何之？忽乎何適？萬物畢羅，莫足以歸；古之道術有在於是者。莊周聞其風而說之。』

曰『古之道術有在於是者；』曰『某某聞其風而說之；』是諸子之學，各有原本；

·国学研究法·
上海民智书局
一九三〇年版

初非僅以憂世之亂，應時而生也。胡氏論哲學史料，再三稱引莊子天下篇。

中國哲學史大綱：『莊子天下篇與韓非子顯學篇論墨家派別，爲他書所無有許多學派的原著已失，全靠這種副料裏面論及這種散佚的學派，借此可以考見他們的學說大旨。如莊子天下篇所論宋鈃彭蒙田駢愼到施惠公孫龍桓團及其他辯者的學說，都是此例。』

是此書此篇之可信，非胡氏所斥諸僞書可比；何以獨忘卻「古之道術有在於是者」一語。豈此篇之中，獨論墨家派別及辯者學說爲眞者；而其餘皆儒家僞撰乎？然卽此論墨家派別爲他書所無一語，已自承「古之道術有在是者。」而其痛詆王官時，則未計及其言之矛盾也。

胡氏論學之大病，在誣古而武斷；一心以爲儒家託古改制，舉古書一概抹殺。故於書則斥爲沒有信史的價値；

哲學史大綱：『二十八篇之眞古文，依我看來，也沒有信史的價値。』

於易則不言其來源；

哲學史大綱：『但稱孔子晚年最喜周易；而那時的周易，不過是六十四條卦辭和三百八十四條爻辭。不言周易之來歷。』

於禮則專指爲儒家所作；

哲學史大綱：『儒家恐怕人死了父母，便把父母忘了；所以想出種種喪葬祭祀的儀節出來。儒家的喪禮，有種種怪現狀，種種極瑣細的儀文。儒家說「堯死時三載如喪考妣。商高宗三年不言」和孟子所說，「三年之喪，三代共之。」都是儒家託古改制的慣技，不足憑信。』

獨信詩經爲信史；

哲學史大綱：『古代的書只有一部詩經，可算得是中國最古的史料。』

而於詩經之文，又只取變風變雅[8] 以形容當時之黑暗腐敗。於風雅頌所言不黑暗不腐敗者，一概不述。

·国学研究法·
上海民智书局
一九三〇年版

哲學史大綱：『那時的政治除了幾國之外，大概都是很黑暗很腐敗的。』

蓋合於胡氏之理想者，言之津津；不合於其理想者，不痛詆之，則諱言之。此其著書立說之方法也。依此方法，故可斷定曰：『古無學術。古無學術，故王官無學術。王官無學術，故諸子之學，決不出於王官。』

胡氏謂：『先秦顯學本只有儒墨道三家。而儒家之書，十九不可信。』故據儒家之書以駁之，決不足以服胡氏之心。道墨二家，則胡氏所心折者也。胡氏疑古，而道墨二家則皆信古。墨子之書動輒稱引三代聖王堯舜禹湯文武。胡氏亦許爲溫故知新，彰往察來。

哲學史大綱：『墨子說：「凡言凡動，合於三代聖王堯舜禹湯文武者爲之。凡言凡動合於三代暴王桀紂幽厲者舍之。」這並不是復古守舊，這是溫古而知新，彰往而察來。』

是古代有所謂聖王，非儒家所僞造也。先知古代有所謂聖王，然後知王官之學所從出王官之學所從出，亦出於天下篇。

天下篇：『古之所謂道術者，果惡乎在百官以此相齒古之人其備乎？其明而在數度者，舊法世傳之史，尚多有之。其在於詩書禮樂者，鄒魯之士，縉紳先生多能明之。詩以道志。書以道事。禮以道行。樂以道和。易以道陰陽。春秋以道名分。其數散於天下而設於中國者，百家之學，時或稱而道之。天下大亂，賢聖不明，道德不一，天下多得一察焉以自好。是爲內聖外王之道闇而不明，鬱而不發。天下之人，各爲其所欲焉以自爲方。』

曰『百官以此相齒，』曰『縉紳先生多能明之，』是古代之官，有學術之明證也。立此義爲前提，而胡氏之說，在在皆失其根據矣。

諸子之學，發源甚遠；非專出於周代之官，章氏專以周代之官釋之。

諸子學略說：『周禮太宰言「儒以道得民。」是儒之得稱久矣。司徒之官，專主教化；所謂「三物化民。」三物者，六德，六行，六藝之謂。是故孔子博學多能而教人以忠恕。』

·国学研究法·
上海民智书局
一九三〇年版

胡氏亦據周官以相訾謷。

諸子不出於王官論：『古代之王官，定無學術可言，周禮僞書，本不足據。即以周禮所言十有二教及鄉三物觀之，皆不足以言學術。若謂九流皆出於王官，則成周小吏之聖知，定遠過於孔丘墨翟，此所謂素王作春秋，爲漢朝立法者，其信古之陋，何以異耶？』

按七略原文，正未專指周官，如羲和，理官，農稷之官之類，皆虞夏之官。但據周禮，尚不足以證其發源之遠。而周官之僞撰與否，更不足論矣。羲和治歷，故有陰陽之學；理官典刑，故有法律之學；農稷治田，故有農家之學。此皆事義之最明者。胡氏不此之思，但以墨子一家爲例，其說已偏而不全。

諸子不出於王官論：『墨者之學，儀態萬方，豈清廟小官所能產生？凡此諸端，皆足徵墨家之不出於王官。舉此一家，可例其他。』

而墨家之出於王官，出於清廟之守，適有確證。

呂氏春秋當染篇：『魯惠公使宰讓請郊廟之禮於天子。桓王使史角往。惠公止之，其後在於魯，墨子學焉。』

史角掌郊廟之禮，爲周代王室之官，墨子學於史角之後，故曰：『墨家者流，出於清廟之守。』而胡氏猥謂其非清廟之官，何不檢乃爾耶？

胡氏本文但引章氏之說而駁之，其文曰：『太炎又云：「墨家先有史佚，爲成王師。其後墨翟亦受學於史角。」史佚之書，今無所考。其名但見藝文志。其書之在墨家，亦猶晏子之在儒家，與伊尹太公之在道家耳。若以墨翟之學於史角爲諸子出於王官之證，則孔子所師事者尤衆矣；況史佚史角既非清廟之官，則藝文志「墨家出於清廟」之說，亦不能成立。』

史佚亦作逸，亦稱尹佚，其事亦見於尚書洛誥，（逸祝册作册逸誥。）見於周書克殷（尹逸筴曰云云，史佚遷九鼎三巫。）見於史記周本紀；（尹佚筴曰云云，史佚展九鼎保玉。）其名言見於左傳，（僖十五年，史佚有言曰云云。）見

·国学研究法·
上海民智书局
一九三〇年版

於國語；（周語下昔史佚有言曰云云）其官既掌祭祀神祇，其學亦爲世所誦述，何得謂無所考。又古代祝史之官，其職甚尊。曲禮曰：『天子建天官，先六太，曰太宰，太宗，太史，太祝，太士，太卜。』周之史佚，史角，始以天官世守清廟，傳其家學以開墨家。而胡氏猥謂墨者之學，豈清廟小官所能產生。守清廟者何以見爲小官？卽爲小官，何以不能產生碩學？豈哲學家必爲大官耶？

儒家出於司徒之官，論其遠源，實唐虞之司徒。司徒之掌敎，自唐虞至周皆然，不獨周有十二敎鄉三物也。惟胡氏以尙書爲沒有信史的價值，則契爲司徒，敷五敎。及孟子所稱「敎以人倫」者，胡氏必皆目爲儒家讆言，不可依据。請就墨子之書徵之，墨子之書，常稱古之三公。

墨子尙賢下：『湯得伊尹而擧之，立爲三公。武丁得傅說而擧之，立爲三公。』

又尙同上：『擇天下之賢者，置立之以爲三公。』

又天志下：『諸侯不得須已而爲正有三公正之』。

古之三公，卽司徒司馬司空也。三公既多賢者，何能斷定其無學術。然僅曰賢良，或但就行誼立論；不足爲其人有學術之證。則更就墨子徵之。

墨子尚同中：『選擇天下賢良聖知辯慧之人，立以爲天子。選擇天下贊選賢良聖知辯慧之人，置以爲三公。』

曰「聖知，」曰「辯慧，」皆學術之美稱，非僅行誼之諡號也。古無哲學家之名。所謂聖知卽哲學家也。古者（墨子所謂選擇云云，皆承其上古者而言。）天子三公，多有聖知辯慧之人，豈惟可以產生儒家；舉凡名法之學，無不開其先河。後世學者，各得其一官之所傳，而司徒掌教，惟儒家紹其統系。此漢志所以謂其道最高也。

班志：『儒家者流，蓋出於司徒之官。助人君，順陰陽，明教化者也。游文於六經之中，留意於仁義之

·国学研究法·
上海民智书局
一九三〇年版

際，祖述堯舜，憲章文武，宗師仲尼以重其言。於道最爲高。』

胡氏若謂古之司徒定無學術；必須證明古之三公，絕無聖知辯慧之人；或證明墨子諸篇所言古之三公皆儒家所羼入；不然，則古代王官之有學術，非儒家一家之言，天下之公言也。

胡氏屬文，强詞奪理；任舉一義，皆有罅漏；如駁斥儒家出於司徒，謂儒家之六籍，多非司徒之官所能夢見。不知司徒之官，何以不能夢見六籍？詩書之類，經孔子刪訂；豈孔子以前無詩書乎？墨家時時稱舉詩書，多有與今日所傳之詩書相同者。如兼愛下引周詩，明鬼上引甘誓之類。

莊子天下篇盛稱六藝，謂其『散於天下，設於中國百家，時或稱道。』此豈儒家私有之物耶？胡氏欲抹殺春秋以前聖知辯慧之天子三公，故以六籍歸納於儒家，以便肆意詆毀。然道墨二家之書具在，不能惡其害己而盡去之。卽令天下不讀儒家之書，亦不能使人無疑於其說也。

胡氏論學，亦知尋求因果。

中國哲學史大綱：『大凡一種學說，決不是劈空從天上掉下來的。我們如果能仔細研究，定可尋出那種學說有許多前因，許多後果。』

而其講諸子之學，則祇如春秋時代之時勢，爲產生先秦諸家學派之原因；不知有其他之原因。若合莊子天下篇淮南子要略劉歆七略觀之，則諸子之學，出於古代聖哲者爲正因，而激發於當日之時勢者爲副因。舉副因而棄正因，豈可謂仔細研究乎？天下篇無論矣。卽淮南子要略，亦非專主救世之弊一端也。其述儒者之學，則曰：『修成康之道，述周公之訓。』其述墨子之學，則曰：『學儒者之業，受孔子之術，背周道而用夏政。』其述管子之書，則曰：『崇天子之位，廣文武之業。』夫夏及文武成康周公，皆諸子之學之前因也。胡氏削去此等文句，但曰：『有周公之遺風，而

·国学研究法·
上海民智书局
一九三〇年版

儒者之學興。」是胡氏於淮南子之言，亦未仔細研究也。按胡氏之病原，實由於不肯歸美於古代帝王官吏，一若稱述其事，即等於歌功頌德的官書。

中國哲學史大綱：『我以爲尚書或是儒家造出的託古改制的書，或是古代歌功頌德的官書。』

不知客觀之法，在得其眞僞者不容妄爲傅會，眞者亦豈可任意削滅。吾國唐虞三代自有一種昌明盛大治敎並興之眞象；故儒家言之，墨家言之，即好爲謬悠之說，荒唐之言之莊周，亦反復言之。若削去此等事實，則後來事實，都無來歷；而春秋戰國時代諸子之學說，轉似劈空從天上掉下來的。且其對於前此之事跡，又須詭辭曲說，盡翻成案；不但異己者不容盡泯，卽其所主張崇奉之書，亦須抑揚斡旋以就其說；是亦不可以已乎！

胡氏謂學術皆出於憂世之亂，應時而生，實陰竊孔子論易之說。

易繫辭下：『易之興也，其於中古乎？作易者其有憂患乎？易之興也，其當殷之末世，周之盛德耶？當文王與紂之事耶？是故其辭危。』

然竊其言而不肯明舉其言；故論史而失其先後本末之序。使胡氏從孔子之言，以易爲哲學史之開宗；次及周公之制作；則諸子之出於王官，自然一貫，無所用其強辯。而憂世之亂，應時而生之說，更可因此而證明。蓋中國歷年悠久，事變孔多。豈獨幽厲以降，天下始亂！諸子起於周末，文周生於殷季，其爲夏氏均也。論哲學而斷自春秋，豈春秋戰國之時勢，可以產生哲學思想；而殷商末造之大亂，不能產生哲學思想乎？且由殷周而推至唐虞，推至伏羲神農均無不通。世亂非一次，故憂世者非僅一時代人；而學術思想之孳乳淵源，乃益釐然可見。胡氏崇奉淮南子要略者也，使其仔細研究淮南子要略，則知其法正與吾言相同。

淮南子要略：『今易之乾坤，足以窮道通意也。八卦可以識吉凶，知禍福矣，然而伏羲爲之六十四變，周室增以六爻，所以原測淑清之道，而攟逐萬物之祖也。（此可見淮南論道以易爲始。）文王四世槩善修德行義以爲天下去殘除賊而成王道。周公斷文王之業持天下之政，（此可見淮南論諸子本於文王周公。）』

惜乎其不知而妄作也！

諸子之學之發源，既當從七略之說；而諸子之學之失傳，亦不可以不考。今之講諸子之學者，不但不知其源；復不知其流，以諸子之學之失傳，歸罪於董仲舒請漢武帝罷黜百家。其說蓋倡於日本人。（日本人久保天隨等著東洋歷史多言之。）

梁氏撰新民叢報時，拾其說而張大之。

梁啟超論中國古代思潮儒學統一章曰：『儒學統一云者，他學銷沈之義也。董仲舒對策賢良請「表章六藝罷黜百家凡非在六藝之科者絕勿進。」自茲以往，儒學之尊嚴，迴絕百流，二千年來，國教之局乃始定矣！吾中國學術思想之衰，實自儒學統一時代始！』

·国学研究法·
上海民智书局
一九三〇年版

胡氏哲學史亦言之。

中國哲學史大綱：『漢興以後，儒家當道，則漢武帝初年竟罷黜百家，獨尊孔氏。儒家這樣盛行，墨家自然沒有興盛的希望了。』

夫吾人今日得見周秦諸子之書，能知春秋戰國時代之學術思想者，繫何人之力？漢武帝之力也。

漢書藝文志：『漢興，改秦之政，大收篇籍，廣開獻書之路。迄孝武世，書缺簡脫，禮壞樂崩，聖上喟然而稱曰：「朕甚閔焉。」於是建藏書之策，置寫書之官，下及諸子傳說，皆充秘府。』

漢武時諸子之書，正由銷沈而復行發見之時。何得謂儒學統一，即他學銷沈？考漢董仲舒列傳稱抑黜百家，立學校之官，未明言其何年？

董仲舒列傳：『仲舒對策，推明孔氏，抑黜百家，立學校之官。』

通鑑載仲舒對策，在建元元年。齊召南謂當在建元五年。要之仲舒對策，在漢

·国学研究法·
上海民智书局
一九三〇年版

武帝初年，無疑也。淮南王安以元狩元年死。司馬談以元狩元年死。其時皆在仲舒請黜百家之後；而淮南述太公陰謀，儒墨管晏，縱横修短，刑名之書，商鞅之法；太史公論六家要指皆講求諸子之學者也。武帝罷黜百家之後，諸子之源流轉明；是得謂之銷沉乎？司馬遷死於昭帝時。

王鳴盛十七史商榷：『遷實卒於昭帝初，觀景帝本紀末云：太子即位，是為孝武皇帝。衛將軍驃騎傳末段亦屢稱武帝。按其文義皆非後人附益。間有稱武帝為今上者；史記作非一時；入昭帝時未久，即卒；不及追改也。』

其作孟子荀卿列傳，述戰國諸子，有孟子騶子淳于髡慎到環淵接子田駢騶奭荀卿劇子公孫龍李悝尸子長盧吁子等人，且云：『世多有其書。』

孟子荀卿列傳：『自如孟子至於吁子，世多有其書，故不論其傳云。』

諸子書，世既多有；更不得謂之銷沉矣。成帝哀帝均重學術，向歆父子校理祕文，於是諸子之淵源益明。

藝文志：『成帝時，以書頗散亡，使謁者陳農求遺書於天下。詔光祿大夫劉向校經傳諸子詩賦。步兵校尉任宏校兵書。太史令尹咸校數術。侍醫李柱國校方技。每一書已，向輒條其篇目，撮其指意，錄而奏之。會向卒。哀帝復使向子侍中奉車都尉歆卒父業。歆於是總羣書而奏其七略。故有輯略。有六藝略。有諸子略。有詩賦略。有兵書略。有術數略。有方技略。』

至東漢時，班固述之爲藝文志。其時所存之子書凡百八十九家。四千三百二十四篇，此皆漢人講求保存之力也。若儒學統一，屛黜百家；則公孫龍墨翟之學說，何以巍然與儒家並存乎？

梁胡二氏學術不同，要皆抱一反對儒家之見；以爲漢崇儒術，卽不容他家置喙。不知漢人講求諸子之學，初無軒輊之念；故其於諸家之短長，皆平心靜氣以論之。如：

司馬談論六家要旨曰：『陰陽之術大祥，使人拘而多所畏。儒家博而寡要，勞而少功。墨子儉而難遵，是以其事不可偏循。名家使人儉而善失眞。法家嚴而少恩。』

班志論九流之失，於儒家則曰：『惑者既失精微，而辟者又隨時抑揚，違離道本，苟以譁衆取寵。後進循之。是以五經乖析，儒學寖衰。』於道家則曰：『及放者爲之，則欲絕去禮學，兼棄仁義。曰「獨任淸虛，可以爲治。」』於陰陽家則曰：『及拘者爲之，則牽於禁忌，泥於小數，舍人事而任鬼神。』於法家則曰：『及刻者爲之，則無教化，去仁義；專任刑法而欲以致治，至於殘害至親，傷恩薄厚。』於名家則曰：『及警者爲之，則苟鉤鈲析治而已。』於墨家則曰：『及蔽者爲之，見儉之利，因以非禮；借兼愛之意而不知別親疏。』於縱橫家則曰：『及邪人爲之，則上詐諼而棄其信。』於雜家則曰。『及盪者爲之，則漫羨而無所歸心。』於農家則曰：『及鄙者爲之，以爲無所事聖王，欲使君臣並耕，誖上下之序。』

是漢人初未特尊儒家，以爲至高無上，神聖不可侵犯也。梁氏徒執董仲舒「請黜百家」一語，遂以意測之，造爲專制之議論。

·国学研究法·
上海民智书局
一九三〇年版

中國古代思潮篇：『秦漢之交，爲中國專制政體發達完備時代；不喜其並立，而喜其一尊。惟孔學則嚴等差，貴秩序；而措之施之者，歸結於君權；於帝王馭民，最爲適合。故霸者竊取而利用之以宰制天下。』

不知自西漢至東漢，陰陽名法諸家，皆與儒家並立；何嘗統於一尊？仲舒請罷黜百家；未見漢武有何明文禁人習此諸家之學說也。至謂「儒家歸結於君權；於帝王馭民，最爲適合；」則墨家尙同一義，何以不適合於君權？且漢之好儒，獨元帝耳！宣帝論漢之家法，雜用霸道；何嘗純任儒教？

漢書元帝紀：『帝柔仁好儒，嘗侍燕從容言：「陛下持刑太深，宜用儒生。」宣帝作色曰：「漢家自有制度，本以霸王道雜之；奈何純任德教，用周政乎？且俗儒不達時宜，好是古非今，使人眩於名實，不知所守；何足委任？」迺歎曰：「亂我家者，太子也！」』

董仲舒請罷黜百家之後；漢之諸帝，且不任儒；乃謂秦漢之交，即爲儒學統一時代；

何其武斷一至於此！然今日信梁氏之說者，實繁有徒。稍涉古書之藩，即縱筆而議儒教如胡氏者，亦中梁氏之毒者也！

諸子之學，至何時中絕，此爲治學術史者所不可不問者也。此事亦至易明。惟今日爲梁胡諸氏之讕言所晦，故論者不訟儒家，則嗤漢武；而爲吾國學術之大憝者，反爲人所不知。講學之士，第取漢隋二志相較，便知子學淪於何時。

漢書九流之書，見於隋書經籍志者甚尠，今爲約舉於左。

儒家亡二十四家，存七家。（此指漢以前之書，餘並同。）

道家亡二十五家，存六家。（管子入法家。）

陰陽一家不存。

法家亡四家，存三家。

名家亡五家，存二家。

·国学研究法·
上海民智书局
一九三〇年版

墨家亡三家，存三家。
縱橫一家不存。
雜家亡五家，存三家。
農家亡一家，餘並存。

其書之亡之原因，則隋志歷言之。

隋書經籍志：『董卓之亂，獻帝西遷，圖書縑帛，軍人皆取爲帷囊。所收而西，猶七十餘載。兩京大亂，掃地皆盡。惠懷之亂，京華蕩覆，渠閣文籍，靡有孑遺。元帝克平侯景，公私經籍歸於江陵；周師入郢，咸自焚之。』

然則諸子之學之銷沈者，董卓李傕郭汜石勒王彌劉曜諸人之罪歟！與漢武帝何涉！與董仲舒何涉！捨奸惡凶頑之盜賊不問，而痛責一無權無勇之儒生，此吾國人之所以不樂爲儒，而甘於從賊也！諸書之亡，自隋志外，尚有張湛列子序可證：

·国学研究法·
上海民智书局
一九三〇年版

張湛列子序：『先君與劉正輿傅穎根皆王氏之甥；少遊外家舅始周，始周從兄正宗輔嗣，皆好集文籍；先幷得仲宣家書幾將萬卷。傅氏亦世爲學門。三君總角，競錄奇書。及長，遭永嘉之亂，與穎根同避難南行，車重各稱力並有所載。而寇虜彌盛，前途尚遠。張謂傅曰：「今將不能盡全所載，且共料簡世所希有者，各各保錄，令無遺棄。」穎根於是唯齎其祖玄父咸子集。先君所錄書中有列子八篇。及至江南，僅有存者，列子唯餘楊朱說符目錄三卷。比亂，正輿爲揚州刺史，先來過江，後在其家得四卷。尋從輔嗣女壻趙季子家得六卷，參校有無，始得全備。』

兵燹之禍，爲學術之刼。書既不存，學說自然歇絕。湛所得之列子，尚係亂後湊集；其不泯於兵燹，亦云幸矣！

胡氏研究墨學，嘗稱魯勝墨辯注。魯勝者，西晉初年之人也。

晉書魯勝傳：『少有才操。元康初，官建康令，稱疾去官。中書令張華遣子勸其更仕，再徵博士，舉中書郎，皆不就。其著述爲世所稱，遭亂遺失，惟注墨辯存。』

當西晉初，猶有講求墨學者；安知其時不更有講求他家學術之人？徒以亂離散佚，故至隋而無傳。又漢志墨家有田休子，梁時猶有其書，至隋而亡。

隋書經籍志墨家注：『梁有田休子一卷，亡。』

隋志墨家猶有三書。至宋史藝文志僅存墨子一種，餘均不著錄。則又唐末之亂亡之也。假令某一時代諸家之書具存；有專制之帝王與凶惡之儒生，一舉而盡焚之；則此帝王與儒生誠無所逃其罪。今其學術之微，書籍之亡，縣世歷年，確因兵亂而遞衰遞滅。而諸人束書不觀，但執己見，坐儒家以萬惡之名；不知是何心肝也！

焚書坑儒，只有秦始皇。其事見於史記。而劉海峯辨之，謂『六經亡於項羽蕭何，非始皇之過。』（見海峯文集焚書辨）是中國古學之銷沈惟一之原因，只有無賴之徒，作亂縱火；餘皆無滅絕學術之事。即此一端，亦可見吾國文化勝於歐人。歐洲有焚殺哲人卜魯諾之事，中國無之也。

·国学研究法·
上海民智书局
一九三〇年版

綜右所論而吾國古代學術之源流乃可得言。其學之興也漸。其學之衰也亦漸。故可分爲五期：

第一期 伏羲以來，爲萌芽時代。

第二期 唐虞及三代盛時，爲官守時代。

第三期 春秋至戰國，爲私家學術盛興時代。

第四期 兩漢 爲古學流派昌明時代。

第五期 漢末至唐末，爲古學迭因兵亂銷沈時代。

時期既明；更須知吾國學術思想，本來一貫；所謂儒墨道法者，皆出於王官，皆出於六藝。特持論有所偏重，非根本不能相容；不當以歐人狹隘褊嫉之胸襟，推測古代聖哲；更不當以末俗爭奪權利之思想，誣衊古代聖哲。其爲文化學術之蠹賊者。實爲武夫亂賊，應確定其主名爲今人之炯戒。諸氏爲有心擁護文化，當不以予

第三卷　子学通论

论近人讲诸子之学者之失

言爲河漢也。

梁胡二氏皆痛詆劉歆。

中國古代思潮篇：『藝文志亦非能知學派之眞相者也。既列儒家於九流，則不應別著六藝略。（詒按此正可見六藝純貫諸家。）既崇儒於六藝，何復夷其子孫以濟十家？（詒案劉歆胸中並無儒家專制統一之念。）其疵一也。縱橫家毫無哲理；（詒按縱橫家之書久亡，不能斷定其有無。）小說家不過文辭；（詒按小說亦亡，不能妄斷，）雜家既謂之雜矣，豈復有家法可言；（詒按漢志明云知國體之有此見王治之無不貫，是雜家自有其家法。）而以之與儒道名法墨者比類齊觀，不合論理。其疵二也。農家固一家也，但其位置與兵商醫諸家相等。農而可列於九流也，則如孫吳之兵，計然白圭之商，扁鵲之醫，亦不可不爲一流。今有兵家略方技略在諸子略之外，於義不完。（詒按此正可見吾國古代以農立國，非以兵商醫立國。）其疵三也。諸子略之陰陽家與術數略界限不甚分明。（詒按此可觀孟子列傳載騶衍之言，則知陰陽家與術數之別。）其疵四也。故吾於班劉之言亦所不取。』

·国学研究法·
上海民智书局
一九三〇年版

胡適諸子不出於王官論：『藝文志所分九流，乃漢儒陋說，未得諸家派別之實。』

二氏所以知有諸家者，以歆之七略。因卽據其分類以訾毀之。不知二氏所見九流十家之書，視歆孰多？果已盡見其所舉之書而一一衡其分際，因知歆之不當耶？抑僅就今日所存者略事涉獵，遂下此判斷耶？梁氏而分爲二派，其說之謬，殆莫之逾！

中國古代思潮篇：『據羣籍審趨勢，自地理上民族上放眼觀察，而證以學說之性質，製一先秦學說大事表。先秦學派一北派。二南派。北派正宗。孔子孟子荀卿及其他儒徒。南派正宗老子莊子列子楊朱及其他老徒。』

古代地勢之分南北，或以淮爲界，或以江爲界，未有同在大河之南，淮水之北，而可分爲南北者也。孔孟老莊所生之地，所居之境，皆無南北之分。

史記老子傳：『老子者，楚苦縣厲鄉曲仁里人也。』索隱：『苦縣本屬陳。春秋時，楚滅陳，而苦又屬楚，故云「楚苦縣」。』按楚苦縣，卽今河南鹿邑縣，在亳縣之西。

又莊子傳：『莊子者，蒙人也名周，周嘗爲蒙漆園吏。』索隱：『劉向別錄云：「宋之蒙人也。」』正義：『括地志云「漆園故城在曹州宛句縣北十七里」。此云「莊周爲漆園吏」卽此。按其城古屬蒙縣。』按蒙縣在今河南商邱縣之東北。

苦蒙之去曲阜鄒邑約四五百里。蒙在睢水之北。苦在沙水之北，其南去淮之道里，幾與去曲阜鄒邑相等。而距江水之遠，無論矣。梁氏既稱自地理上民族上觀察。不知曲阜鄒邑至苦縣蒙縣之間，以何等標準畫分南北。度其屬文之時，第以爲老莊皆楚人，故誤以楚爲南方。不知史記「楚苦縣」三字。是據老子之後之苦縣而言。當老子時，苦縣尙屬陳，不屬楚也。莊子天運篇雖有孔子南之沛之文。

天運篇：『孔子行年五十有一而不聞道；乃南之沛見老聃。』

然天道篇亦有西藏書見老聃之文。

天道篇：『孔子西藏書於周室，往見老聃』：

·国学研究法·
上海民智书局
一九三〇年版

不過據自魯出行所指之方而言，不足據以爲天下大勢及學派歧分之證。如以孔子南之沛，即爲孔老學派分南北之證；則孔子西之周見老聃；老聃且有西度函谷之事；何不分孔老學派爲東西耶？按孔老南北之說，亦出於日本人。日本人讀中國書素無根柢，固不足責。梁氏自居學識高於劉歆者，何得出此不經之言耶？其論南北派別有一表繁稱博舉。

中國古代思潮篇

北派崇實際。	南派崇虛想。
北派主力行。	南派主無爲。
北派貴人事。	南派貴出世。
北派明政法。	南派明哲理。
北派重階級。	南派重平等。

北派重經驗。　南派重創造。
北派喜保守。　南派主勉强。
北派畏天。　南派任天。
北派言排外。　南派言無我。
北派貴自强。　南派貴謙弱。

要皆强爲分配，故甚其說，孔子主中庸；故論南北方之强，皆所不取；獨主中道；何得硬派孔子爲北派。至謂南派明哲理，則孔子之贊易，非以明哲理乎？有清之季，海內人物，並無南北之分。自梁氏爲此說，而近年南北人乃互分畛域；至南北對峙，迄今而其禍未熄，未始非梁氏報紙論說之影響也。

胡氏菲薄漢儒而服膺清儒。

中國哲學史大綱：『校勘之學，從古以來，多有人研究。但總不如清朝王念孫王引之盧文弨孫星衍顧廣圻俞樾孫詒讓諸人的完密謹嚴。』

夫清儒之有功於古籍，誠不可沒。然其所見古書之多，則去向歆遠甚。舉親見原書之向歆所言之學說而詆毀之；轉就僅見原書之十一之人，所爲補苴綴拾，斤斤辯論於逸文隻字者而崇奉之；此猶一人身居衣肆，熟睹錦繡之衣，能評論其價值。一人第見殘破錦繡之片，縫紉補綴，而爭論其位置，謂此應爲袂，彼應爲領；試思此二人之見解，孰爲可憑？清儒校勘古書，謂其愈於宋元明人則可；若謂爲昌明古學，則猶遜於漢儒。

中國哲學史大綱：『綜觀清代學術變遷的大勢，可稱爲古學昌明的時代。自從有了那些漢學家考據校勘訓詁的工夫，那些經書子書方纔勉強可以讀得。』

胡氏不稱漢儒昌明古學，動斥其陋；甚且謂爲昏謬。

諸子不出於王官論：『古無九流之目，藝文志強爲之分別，其說多支離無據。如晏子豈可在儒家？

·国学研究法·
上海民智书局
一九三〇年版

管子豈可在道家？管子既在道家，韓非子又安可屬法家？至於伊尹太公孔甲盤盂種種僞書，皆一律收錄，其爲昏謬，更不待言。』（詒案此病與梁氏正同，皆是因劉歆之書方知其誤。若無劉歆，則公等從何知其謬？漢志於六國人所託者，皆明注之，非無別白古書眞僞之識力也。）而於王命諸公低首下心，頌揚惟恐不至。孟子曰「不揣其本，而齊其末，方寸之木，可使高於岑樓。」其斯之謂乎？

吾爲此論，非好與諸氏辯難，祇以今之學者不肯潛心讀書，而又喜聞新說；根柢本自淺薄，一聞諸氏之言，便奉爲枕中鴻寶，非儒謗古，大言不慚；則國學淪胥，實諸氏之過也。諸氏自有其所長，故亦當世之學者。第下筆不愼，習於詆訶，其書流布人間，幾使人人養成山膏之習；故不得不引繩披根，以箴其失。至於所言之淺俚，但不值海內鴻博者一哂也。

1.莊子天運篇「孔子謂老聃曰：丘治詩書禮樂易春秋六經，自以爲久矣，孰知其故矣。以奸者

·国学研究法·
上海民智书局
一九三〇年版

七十二君，論先王之道，而明周召之迹。一君無所鈎用，甚矣夫人之難說也道之難明耶！老子曰：幸矣，子之不遇治世之君也。夫六經，先王之陳迹也，豈其所以迹哉？今子之所言，猶迹也。夫迹，履之所出，而迹豈履哉？夫白鶂之相視，眸子不運而風化；蟲雄鳴於上風，雌應於下風而風化；類自爲雌雄，故風化。性不可易，命不可變，時不可止，道不可壅。苟得其道，無自而不可；失焉者，無自而可。孔子不出，三月復見，曰：丘得之矣。烏鵲孺，魚傅沫，細要者化，有弟而兄啼，久矣夫丘不與化爲人。不與化爲人，安能化人？老子曰：可，丘得之矣。」按烏鵲孺，謂孚乳而生。魚傅沫，謂傅口中沫相與而生子。細要者化，謂稚蜂細腰者取桑蟲祝之，使似己子。

2. 論衡講瑞篇：『少正卯在魯與孔子並。孔子之門三盈三虛，唯顏淵不去，顏淵獨知孔子聖也。夫門人去孔子歸少正卯，不徒不能知孔子之聖，又不能知少正卯，門人皆惑乎？子貢曰：夫少正卯，魯之聞人也，子爲政，何以先之？孔子曰：賜退，非爾所及。』

3. 卜魯諾 Giordano Bruno（一五四八——一六〇〇）意大利哲學家，以鼓吹哥白尼地動之說爲教會所扼，被焚而死。

4. 笛卡兒 Descartes Rene （一五九六——一六五〇）法國哲學家。氏之爲學，力排舊說，擺脫神學之束縛，謂一切學問當自懷疑始。著述甚富，有哲學原理，方法論等。

5. 梁玉繩，字曜北，號諫庵，清浙江錢塘人。湛深諸史，於史漢尤所專精。致力采集舊說，兼下己論，作史記志疑三十六卷，凡二十年而成。

6. 荀子宥坐：『孔子爲魯攝相，朝七日而誅少正卯。門人進問曰：夫少正卯，魯之聞人也。夫子爲政而始誅之，得無失乎？孔子曰：居，吾語汝其故。人有惡者五，而盜竊不與焉。一曰心達而險；二曰行辟而堅；三曰言僞而辯；四曰記醜而博；五曰順非而澤。此五者有一於人，則不得免於君子之誅。而少正卯兼有之。故居處足以聚徒成羣；言談足以飾邪營衆；彊足以反是獨立。此小人之雄桀也，不可不誅也。』又尹文子聖人篇同上。

7. 列子力命篇『鄧析操兩可之說，設無窮之辭。當子產執政，作竹刑，鄭國用之，數難子產之治，子產屈之。子產執而戮之，俄而誅之。然則子產非能竹刑，不得不用；鄧析非能屈子產，不得不屈；子產非能誅鄧析，不得不誅也。」

8.詩經朱註：『先儒舊說，二南二十五篇爲正風；鹿鳴至菁莪二十二篇爲正小雅；文王至卷阿十八篇爲正大雅；皆文武成王時詩，周公所定樂歌之詞。邶至豳十三國爲變風；六月至何草不黃五十八篇爲變小雅；民勞至召旻十二篇爲變大雅；皆康昭以下所作。』

·国学研究法·
上海民智书局
一九三〇年版

國學研究

卷四史學通論

六家（史通）　劉知幾

自古帝王編述文籍，外篇言之備矣。古往今來，質文遞變，諸史之作，不恆厥體，權而爲論，其流有六：一曰尚書家，二曰春秋家，三曰左傳家，四曰國語家，五曰史記家，六曰漢書家。今畧陳其義，列之於後：

尚書家

尚書家者，其先出於太古。易曰：『河出圖，洛出書，聖人則之。』故知書之所起遠矣。至孔子觀書於周室，得虞夏商周四代之典，乃刪其善者，定爲尚書百篇。「孔安國曰：「以其上古之書，謂之尙書。」[2] 尙書璇璣鈐曰『尙者上也上天垂文象布節度，如天行也。』[3] 王肅曰「上所言，下爲史所書故曰尙書也。」[4] 推此三說，其義不同。蓋書之所主，本於號令，所以宣道之正義，發話言於臣下，故其所載，皆典謨訓誥誓命之文。至如堯舜二典直序人事，禹貢一篇唯言地理，洪範總述災祥（董劉五行之說）顧命都陳喪禮，茲亦爲例不純者也。[5] 又有周書者，[6] 與尙書相類，卽孔氏刋約百篇之外，凡爲七十一章。上自文武，下終景靈，甚有明允篤誠，典雅高義，時亦有淺末恆說，滓穢相參，殆似後之好事者所增益也。至若職方之言，與周官無異；時訓之說，比月令多同，[7] 斯百王之正書，五經之別錄者也。自宗周旣殞，書體遂廢；迄乎漢魏，無能繼者。至晉廣陵相魯國孔衍，[8] 以爲國史所以表言行，昭法式，至於人理常事，不足備別，乃删漢魏諸史，取其美詞典言足爲龜鏡者，定以篇第，纂成一家，由是有漢尙書，後漢尙書，魏尙書，凡爲二十六卷。至隋秘書監太原王劭，

·国学研究法·
上海民智书局
一九三〇年版

9 又錄開皇仁壽時事，編而次之，以類相從，各爲其目，勒成隋書八十卷，尋其義例，皆準尚書。原夫尚書之所記也，若君臣相對，詞旨可稱，則一時之言，累篇咸載。如言無足紀，語無可述，若此故事，雖有脫略，而觀者不以爲非；爰逮中葉，文籍大備，必翦截今文，摸擬古法，事非改轍，理涉守株；10 故舒元（孔衍字）所撰漢魏等書，不行於代也。若乃帝王無紀，公卿缺傳，則年月失序，爵里難詳，斯並昔之所忽，而今之所要。如君懋（王劭字）隋書，雖欲祖述商周，憲章虞夏，觀其所述，乃似孔子家語，11 臨川世說，12 可謂畫虎不成，反類犬也。故其書受嗤當代，良有以焉。

1. 尚書百篇，漢書藝文志：『易曰：「河出圖，洛出書，聖人則之，故書之所起遠矣」至孔子纂焉，上斷於堯，下訖於秦，凡百篇。』

2. 孔安國（史記孔子世家）孔子而下，歷伯魚子思子上子家子京子高子慎及鮒，凡八世，鮒弟子襄生忠，忠生延年及安國。安國爲今皇帝博士。（漢蓺文志）武帝末，魯共王壞孔子宅，

·国学研究法·
上海民智书局
一九三〇年版

得古文尙書，孔安國悉得其書獻之。（尙書孔序）以其上古之書，謂之尙書，百篇之義，世莫得聞。

3. 璇璣鈐（後漢方術傳）樊英善河洛七緯。（章懷注）七緯者，易緯，稽覽圖，乾鑿度，坤靈圖，通卦驗，是類謀，辨終備也。書緯，璇璣鈐，考靈耀，刑德放，帝命驗，運期授也。詩緯，推度災，氾歷樞，含神務也。禮緯，含文嘉，稽命徵，斗威儀也。樂緯，動聲儀，稽耀嘉，叶圖徵也。孝經緯，援神契，鈎命決也。春秋緯，演孔圖，元命苞，文耀鈎，運斗樞，感精符，合誠圖，考異郵，保乾圖，漢含孳，佑助期，握誠圖，潛潭巴，說題辭也。

4. 王肅（魏志王朗傳）朗子肅，字子雍，中領軍散騎常侍，善賈馬之學，而不好鄭氏，采會同異爲尙書詩論語三禮左氏解，及撰定父朗所作易傳，皆列於學官。（按）郭本引南齊奔魏之王肅誤。（又按）王應麟困學紀聞云，樂書引樂記，通典引大傳，並存王肅注，而集說以爲元魏人誤也。在元魏者字恭懿，不以經學名，然則誤已在宋時矣，而王謂不以經學名亦非恭懿，長於三禮，北史與劉石經同傳，常相辯論往來也。

5. 爲例不純（漢藝文志）左史記言言爲尙書；右史記事事爲春秋。（荀悅申鑒）其說同。（鄭氏六蓺論）左史所記爲春秋，右史所記爲尙書，是以玉藻云動則左史書之言則右史書之。（按）王者因事而有言有言必有事，理勢本自相連，珥筆如何分記，況左右配屬，班荀之與鄭戴又各牴牾，此等皆出自漢儒，難可偏據。魏晉以來，黏配相沿，杜預以漢志爲誤，史通則又以漢志爲例之議，並非。

6. 又有周書，（漢蓺文志）周書七十一篇，劉向云周時誥誓號令，蓋孔子所論百篇之餘也。（困學紀聞）隋唐志繫之汲冢，然汲冢得竹書，在晉咸寧五年，而太史公鄭康成許叔重馬融皆引其文，皆在漢書，杜元凱解左傳時，書亦未出也。亦以周書爲據，束晳傳及左傳正義，引王隱晉書所載竹書之目，亦無周書，然則繫於汲冢誤矣。（今按）史通亦多引其書，皆不冠以汲冢，隋唐志之誤信矣。

7. 職方時訓（逸周書序）王紀雖弛，天命方永，四夷八蠻，攸遵王政，作職方。辯十二氣之應，以明天時，作時訓。（按）浚儀王氏紀聞引此序十二氣作二十四氣。

·国学研究法·
上海民智书局
一九三〇年版

8. 孔衍漢魏尚書（晉儒林傳）孔衍字舒元，孔子二十二世孫。中興初，補中書郎，出爲廣陵郡，
凡所撰述百餘萬言。（唐藝文志）孔衍漢尚書十卷，後漢尚書六卷，後魏尚書十四卷。（按）
後魏後字衍文。

9. 王劭隋書（隋書）王劭，字君懋，授著作郎，遷秘書少監，專典國史，撰隋書八十卷，多錄口勅，
又採迂怪委巷之言，以類相從，爲其題目。

10 守株（韓非五蠹）宋人耕田，田中有株，兎走觸株而死，因釋耒而守株，冀復得兎，兎不可得，
爲宋國笑。

11 家語（王肅注後序）孔子家語者，與論語孝經並時，弟子取其正實而切事者，別出爲論語，
其餘則都集錄之。（晁氏讀書志）凡四十四篇。劉向校錄，止二十七篇，王肅得此於孔猛家。
（朱子與呂伯恭書）程氏遺書，若只暗地删郤，久後易惑人，記論語者，只爲如此，留下家語
至今作病痛也。

12 臨川世說（宋書宗室傳）臨川王道規無子，以長沙景王子義慶爲嗣。（高氏緯略）義慶

采擷漢晉以來佳事佳話，爲世說新語。（讀書志）劉知幾頗言此書非實錄，予亦云。

春秋家

春秋家者，其先出於三代。案汲冢瑣語記太丁時事，目爲夏殷春秋。[1] 孔子曰：『疏通知遠，書敎也，屬辭比事，春秋之敎也。』知春秋始作，與尙書同時。瑣語又有晉春秋記獻公十七年事。國語云：『晉羊舌肸習於春秋，[2] 悼公使傳其太子。』左傳：『昭二年，晉韓獻子來聘，見魯春秋，曰，周禮盡在魯矣。』斯則春秋之目，事匪一家，至於隱沒無聞者，不可勝載。又案竹書紀年，[3] 其所紀事，皆與魯春秋同。孟子曰；『晉謂之乘，楚謂之檮杌，而魯謂之春秋，其實一也。』然則乘與紀年檮杌，其皆春秋之別名者乎！故墨子曰：『吾見百國春秋，』[4] 蓋皆指此也。逮仲尼之修春秋也，乃觀周禮之舊法，[5] 遵魯史之遺文，據行事，仍人道，就敗以明罰，因興以立功，假日月而定歷數，籍朝聘而正禮樂，微婉其說，志晦其文，[6] 爲不刊之言，著將來之法，故能彌歷千載，而其書獨行。又案儒者之說春秋也，以事繫日，以日繫月，7 言春以包夏，舉秋以兼冬，8 年有四時，故錯舉以爲所記之名也。苟如是，則晏子虞卿呂氏陸賈其書篇第，本無年月，而亦謂之春秋，9 蓋有異於此者也。至太史公著史記，始以天子爲本紀，考其宗旨，如法春秋，自是爲國史者，皆用斯法。然時移世異，體式不同，其所書之事也，皆言罕褒諱，事無黜陟，故馬遷所謂整齊故事耳，安得比於春秋哉？

1. 汲冢瑣語，（隋書經籍志）古文瑣語四卷，汲冢書。
2. 羊舌肸，（外傳晉語）悼公問德義，司馬侯曰：「諸侯之爲日在君側，以其善行，以其惡戒，可爲德義矣。」公曰：「孰能？」曰：「羊舌肸習於春秋，乃召叔嚮使傅太子彪。」
3. 竹書紀年，（杜氏左傳後序）余成春秋釋例及經傳集解始訖，會汲郡汲縣有發其界內舊冢者，大得古書，皆簡編科斗文字，多雜碎怪妄，不可訓知，紀年最爲分了，起自夏殷周，皆三代

·国学研究法·
上海民智书局
一九三〇年版

王事，無諸國別也。唯特記晉事，起自殤叔，次文侯，昭侯，以至曲沃莊伯。莊伯之十一年十一月，魯隱公之元年正月也，皆用夏正建寅之月爲歲首，編年相次。晉國滅，獨記魏事，下至魏哀王之二十年，蓋魏國之史記也。推校哀王二十年太歲在壬戌，是周赧王之十六年，秦昭王之八年，韓襄王之十三年，趙武靈王之二十七年，楚懷王之三十年，燕昭王之十三年，齊湣王之二十五年也。哀王二十三年乃卒，故特不稱謚，謂之今王。其著書文意大似春秋經，推此足見古者國史策書之常也。

4.百國春秋，（北平黃氏補注）公羊傳疏云：「昔孔子受端門之命，制春秋之義，使子夏等求周史記，得百二十國寶書，則墨子言百國春秋，當卽是書也。」

5.周禮舊法，（杜序）周德既衰，官失其守，上之人不能使春秋昭明，仲尼因魯史策書成文，考其眞僞，而志其典禮，上以遵周公之制，下以明將來之法。

6.微婉志晦，（杜序）爲例之情有五：一曰微而顯，二曰志而晦，三曰婉而成章，四曰盡而不汙，五曰懲惡而勸善。

·国学研究法·
上海民智书局
一九三〇年版

7. 繫日繫月語見杜氏序。

8. 包夏兼冬（杜序）史之所記必表年以始事年有四時，故錯舉以爲所記之名也。（疏）言春足以兼夏，言秋足以見冬。魯頌箋云：「春秋猶言四時是也。」

9. 晏虞呂陸亦謂春秋，（史記管晏列傳贊）吾讀晏子春秋，欲觀其行事，故次其傳。（孔叢執節篇）春秋經名，晏子書亦曰春秋，貴賤不兼同名也。（史記）虞卿說趙孝成王爲趙上卿。卒去趙，不得意乃著書曰節義稱號揣摩政謀凡八篇曰虞氏春秋。（漢藝文志）虞氏春秋十五篇。（高誘呂覽序）呂不韋者，陽翟富賈，爲秦相國，集儒書著其所聞，爲十二紀八覽六論名呂氏春秋。暴之咸陽市門，懸千金其上，能增損一字者，予千金。（後漢班彪傳）漢興定天下，太中大夫陸賈紀錄時功作楚漢春秋九篇。（史記本傳索隱）賈撰記項氏與漢高初起及惠文間事。

左傳家

左傳家者，其先出於左丘明。孔子既著春秋，而丘明受經作傳。[1] 蓋傳者轉也，轉受經旨以授後人：或曰傳者傳（原音平）也，所以傳示來世。案孔安國注尚書，亦謂之傳，斯則傳者，亦訓釋之義乎？觀左傳之釋經也，言見經文，而事詳傳內，或傳無而經有，或經闕而傳存，其言簡而要，其事詳而博，信聖人之羽翮，而述者之冠冕也。逮孔子云沒，經傳不作，於時文籍，唯有戰國策及太史公書而已。至晉著作郎魯國樂資，[2] 乃追采二史，撰爲春秋，後傳。其書始以周貞王續前傳魯哀公，後至王赧（同赧）入秦，又以秦文王之繼周，終於二世之滅，合成三十卷。當漢代史書，以遷固爲主，而紀傳互出，表志相重，於文爲煩，頗難周覽。至孝獻帝，始命荀悅撮其書爲編年體，[3] 依左傳著漢紀三十篇。自是每代國史，皆有斯作，起自後漢，至於高齊，如張璠[4] 孫盛[5] 干寶[6] 徐賈[7]（當是廣字）裴子野[8] 吳均[9] 何之元[10] 王劭[11] 等，其所著書，或謂之春秋，或謂之紀，或謂之略，或謂之典，或謂之志，雖名各異，大抵

·国学研究法·
上海民智书局
一九三〇年版

皆依左傳以爲的準焉。

1，受經作傳（杜氏集解序）左丘明受經於仲尼，以爲經者，不刊之書也。故傳或先經以始事，或後經以終義，或依經以辯理，或錯經以合異，隨義而發其例之所重。

2. 樂資晉書無傳（隋經籍志）春秋後傳三十一卷，晉著作郎樂資撰。（按）資，晉時人，在荀悅後，而章內先舉樂資者，資書接左迄秦，事在漢紀前，不以人次也。

3. 荀悅（後漢荀淑傳）淑孫悅，字仲豫，獻帝時官秘書監。帝以班固漢書文繁難省，乃令悅依左氏傳體，爲漢紀三十卷，辭約事詳，其序曰：中興以前，明主賢臣得失之軌，亦足以觀矣。

4. 張璠國史無傳（隋經籍志）後漢紀三十卷，張璠撰。（袁宏後漢紀自序）暇日綴會漢紀，謝承書，司馬彪書，華嶠書，謝忱書，漢山陽公記，漢靈獻起居注，漢名臣奏，旁及諸郡耆舊先賢傳，凡數百卷，多不次敘，始見張璠所撰書，其言漢末之事差詳，故復探而益之。

5. 孫盛，（隋經籍志）魏氏春秋三十卷，晉春秋三十卷，並孫盛撰。盛字安國，

6. 干寶，（晉書）寶字令升，祖統，吳奮武將軍。寶以才器召爲著作郎，領國史，著晉紀，自宣迄愍凡二十卷。直而能婉。

7. 徐賈，其人其事俱無考。按隋唐二志，於干寶晉紀之後，裴子野宋略之前有徐廣晉紀四十五卷，然則賈字卽廣字之譌也。（宋書）徐廣，字野民，員外散騎領著作。

8. 裴子野，（梁書）子野，字幾原，曾祖松之，續修何承天宋史未成，子野更撰爲宋略二十卷。敍事評論多善。

9. 吳均，（梁書）吳均字淑祥，文體清拔，好事者或效之，謂爲吳均體。除奉朝請，著齊春秋三十卷。外篇，正史篇，謂其書稱梁帝爲齊明佐命，帝惡其實，詔燔之，然其私本竟行。

10 何之元，（陳書）之元銳精著述，以爲梁氏肇自武皇，終於敬帝，其興亡盛衰之跡，足以垂鑒戒，定襃貶，究七十五年行事，草創爲三十卷，號曰梁典。

11 王劭，見尙書家，但彼所引爲隋書，是記言體，此所引則北齊志，乃編年體。章所云，或謂之志，正指此也。舊注悉取其所著書，圂列一處，便使家數不清。唐藝文編年類，王劭北齊志十七卷，外

·国学研究法·
上海民智书局
一九三〇年版

篇，正史篇，王劭憑起居注廣以異聞，造編年書，號曰齊志，云云。今體甚明。

國語家

國語家者，其先亦出於左丘明。既爲春秋內傳，又稽其逸文，纂其別說，分周魯齊晉鄭楚吳越八國事，起自周穆王，終於魯悼公，別爲春秋外傳，1 國語合爲二十一篇。其文以方內傳，或重出而小異，然自古名儒賈逵2 王肅3 虞翻4 韋曜5 之徒，並申以注釋，治其章句，此亦六經之流，三傳之亞也。暨縱横互起，力戰爭雄，秦兼天下，而著戰國策，6 其篇有東西二周秦齊燕楚三晉宋衞中山，合十二國，分爲三十三卷。夫謂之策者，蓋錄而不序，故卽簡以爲名。或云，漢代劉向以戰國游士爲之（一脫之字）策謀，因謂之戰國策。至孔衍又以戰國策所書未爲盡善，乃引太史公所記，參其異同，刪彼二家，聚爲一錄，號爲春秋後語。7 除二周及宋衞中山，其所留者七國而已。始自秦孝公，終於楚漢之際，比於春秋，亦盡二百三十餘年行事。始衍撰春秋時國語，勒成二書，各爲十卷，今行於世者，唯後語存焉。案其書序云：『雖左氏莫能加。』世人皆尤其不量力，不度德。尋衍之此義，自比於丘明者，當謂國語，非春秋傳也。必方以類聚，豈多嗤乎？當漢氏失馭，英雄角力，司馬彪又錄其行事，因爲九州春秋，[8] 州爲一篇，合爲九卷。尋其體統，亦近代之國語也。自魏都許洛，[9] 三方鼎峙，晉宅江淮，[10] 四海幅裂，其君雖號同王者，而地實諸侯，所在史官，記其國事爲紀傳者，則規模班馬，創編年者，則議擬荀袁。於是史漢之體大行，而國語之風替矣。

1. 內傳外傳，（韋昭國語序）昔孔子修舊史以垂法，左丘明因聖言以攄意，可謂博物善作者也。其雅思未盡，復采錄前世穆王以來，下迄魯悼智伯之誅，以爲國語，其文不止於經，故號曰外傳。又云切不自料復爲之解，參之以五經，檢之以內傳。

2. 賈逵，（後漢書）賈逵字景伯，九世祖誼。逵身長八尺二寸，諸儒爲之語曰，問事不休賈長頭。

·国学研究法·
上海民智书局
一九三〇年版

尤明左氏傳國語，爲之解詁五十一篇。（注）左氏傳三十篇，國語二十一篇也。

3. 王肅，三國時人，見尙書家。（按）魏志本傳於諸經解後，又有三傳國語爾雅諸注。（隋經籍志）春秋外傳章句一卷，王肅撰。

4. 虞翻，（三國吳志）虞翻字仲翔，孫權以爲騎都尉，徙交州，雖處罪放，而講學不倦。爲老子論語訓注，皆傳於世。

5. 韋曜，（吳志）韋曜，字弘嗣，爲尙書郎，遷太子中庶子。孫皓卽位，封高陵亭侯。（注）曜本名昭，史爲晉諱改之。（宋崇文總目）昭參引鄭衆賈逵虞翻唐固合五家爲注，自發正者三百七事。

6. 戰國策，（劉向原敍）所校中戰國策書，臣向因國別者，略以時次之，得三十三篇，中書本號，或曰國策，或曰國事，或曰短長，或曰事語，或曰修書，或曰長書，臣向以爲戰國時遊士策謀，宜爲戰國策，繼春秋以後，訖楚漢之起，二百四十五年間之事，皆定以殺靑書。（隋經籍志）劉向錄者，三十二卷，高誘撰注者二十二卷。

7. 孔衍後語，（唐藝文志）孔衍春秋時國語十卷，又春秋後國語十卷。（按）史通云，今行世者，唯後語存，是知新唐志特因舊史原文，非皆有其書也。

8. 九州春秋，（隋經籍志）九州春秋十卷，司馬彪撰。（陳氏書錄解題）彪記漢末州部之亂，司冀徐兗青荆揚涼益幽，凡盜賊僭叛，皆紀之。（晉書）彪字紹統，高陽王睦之子，官秘書郎。

9. 魏都許洛，（三國魏志）建安元年，洛陽殘破，董昭等勸太祖都許，三十五年至洛陽，文帝黃初元年，營洛陽宮。（按）時言曹魏者，通謂之許洛，如吳志朱桓言進取壽春，以規許洛是也。

10 晉宅江淮（晉元帝紀）帝瑯琊恭王覲之子，嗣位瑯琊，永嘉初鎮建鄴，愍帝卽位，西都不守，建武元年，依魏晉故事，爲晉王，立宗廟社稷於建康。（按）是爲東晉之始。建康卽建鄴，吳大帝始都此。江淮其界也，亦吳之通稱。如吳志周魴本陽羨人，而言生長江淮是也。

史記家

史記家者，其先出於司馬遷，自五經間行，百家競列，事跡錯糅，前後乖舛，至遷

·国学研究法·
上海民智书局
一九三〇年版

乃鳩集國史，採訪家人，[1] 上起黃帝，下窮漢武，紀傳以統君臣，書表以譜年爵，合百三十卷。因魯史舊名，目之曰史記。[2] 自是漢世史官所續，皆以史記爲名，迄乎東京，著書猶稱漢記。至梁武帝，又勅其羣臣，上自太初，下終齊室，撰成通史六百二十卷。[3] 其書自秦以上，皆以史記爲本，而別採他說，以廣異聞。至兩漢已還，則全錄當時紀傳，而上下通達，臭味相依。又吳蜀二主，皆入世家，五胡及拓拔氏，列於夷狄傳，大抵其體皆如史記，其所爲異者，唯無表而已。其後元魏濟陰王暉業，又著科錄二百七十卷，[4] 其斷限亦起自上古，而終於宋年，其編次多依放通史，而取其行事尤相似者，共爲一科，故以科錄爲號。皇家顯慶中，符璽郎隴西李延壽，抄撮近代諸史，南起自宋，終於陳，北始魏，卒於隋，合一百八十篇，號曰南北史。[5] 其君臣流例，（恐當作別）紀傳羣分，皆以類相從，各附於本國。凡此諸作，皆史記之流也。尋史記疆宇遼闊，年月遐長，而分以紀傳，散以書表，每論家國一政，而胡越相懸，[6] 敍君臣一時，而參商是隔，7 此其爲體之失者也。兼其所載，多聚舊記，時採雜言，故使覽之者，事罕異聞，而語饒重出，此撰錄之煩者也。況通史以降，蕪累尤深，遂使學者，寧習本書，而怠窺新錄；且撰次無幾，而殘缺遽(或作遂。)多，可謂勞而無功，述者所宜深誡也。

1. 採訪家人，巴西譙周以太史遷書周秦以上，或采家人諸子，不專據正經，於是作古史考云云。

2. 魯史舊名史記語見春秋家。

3. 通史，（梁吳均傳）均免職，尋召撰通史，起三皇，迄齊代，均草本紀世家功畢，列傳未就卒。（又武帝紀）太清二年，通史成，躬制贊序凡六百卷天情睿敏，下筆成章。

4. 科錄，（北史魏宗室傳）常山王遵曾孫暉，雅好文學，招集儒士崔鴻等，撰錄百家要事，以類相從，名爲科錄，凡二百七十卷，上起伏羲，下迄於晉，凡十四代，表上之。（按）本文誤以撰人爲濟陰王元暉業，郭延年辯之，謂暉業所撰，乃辯宗錄，非科錄也。史通既誤，王伯厚玉海再誤云。

·国学研究法·
上海民智书局
一九三〇年版

5. 南北史，（舊唐書李延壽傳）延壽貞觀中補崇賢館學士，嘗删補宋齊梁陳及魏齊周隋八代史，謂之南北史，凡一百八十卷。（讀書志）延壽父大師，嘗謂宋齊逮周隋分隔南北，南謂北爲索虜，北謂南爲島夷，欲改正爲編年，未就而卒。延壽究悉舊事，更依馬遷體，總序八代。北二百四十年，南百七十年，爲二史。（通志藝文略）別立通史一門，以延壽書與梁通史同列，良是。

6. 胡越，（漢書）鄒陽獄中上梁孝王書云：「意合則胡越爲兄弟，不合則骨肉爲讎敵。」

7. 參商，（左傳昭元年）子產曰：「昔高辛氏有二子，伯曰閼伯，季曰實沈，居於廣林，不相能也。后帝遷閼伯於商丘，主唐，商人是因，故辰爲商星。遷實沈於大夏，主參，唐人是因，以服事虞夏，故參爲晉星。」

漢書家

漢書家者，其先出於班固。馬遷撰史記，終於今上。（謂孝武帝依太史公語也。

）自太初已下，闕而不錄，班彪因之演成後記，以續前篇。至子固乃斷自高祖，盡於王莽。爲十二紀十志八表七十列傳，勒成一史，目爲漢書。[1] 昔虞夏之典，商周之誥，孔氏所撰，皆謂之書。夫以書爲名，亦稽古之偉稱，尋其創造，皆準子長，但不爲世家，改書曰志而已。自東漢以後，作者相仍，皆襲其名號，無所變革。唯東觀曰記，[2] 三國曰志，[3] 然稱謂雖別，而體制皆同。歷觀自古史之所載也，尙書記周事，終秦穆，春秋述魯文，止哀公，紀年不逮於魏亡，[4] 史記唯論於漢始。如漢書者，究西都之首末，窮劉氏之廢興，包舉一代，撰成一書，言皆精練，事甚該密，故學者尋討易爲其功。自爾迄今，無改斯道。

於是考茲六家，商榷千載，蓋史之流品，亦窮之於此矣。而朴散淳銷，時移世異，尙書等四家，（尙書，春秋，國語，史記）其體久廢，所可祖述者，唯左氏及漢書二家而已。

·国学研究法·
上海民智书局
一九三〇年版

1.彪固（漢書敍傳）班彪，字叔皮，年二十，遭王莽敗，世祖卽位於冀州，天下雲擾，著王命論。有子曰固。固以爲漢紹堯運以建帝業，至於六世史官，乃追述功德，私作本紀，編於百王之末，厠於秦項之列。太初已後，闕而不錄，故探篹前記綴輯所聞，以述漢書，起元高祖，終於孝平王莽之誅；十有二世，二百三十年，綜其行事，旁貫五經，上下洽通，爲紀表志傳，凡百篇。（按）敍傳竟不及父彪續史事，欺所生，欺萬世。糾班史者，當以是爲首欵。（後漢書本傳）彪斷採前史遺事，傍貫異聞，作後傳數十篇。

2.東觀曰記，（書錄解題）東觀漢記漢謁者僕射劉珍，校書郎劉騊駼等撰。初班固在顯宗朝嘗撰世祖本紀，功臣列傳載紀二十八篇，至永初中，珍，騊駼等著作東觀，撰集漢記；其後盧植蔡邕馬日磾等，皆嘗補續。

3.三國曰志（晉書陳壽傳）壽字承祚，仕蜀爲館閣令史，及蜀平，司空張華愛其才，舉爲孝廉，除著作，撰魏吳蜀三國志凡六十五篇。

4，紀年不逮魏亡，謂竹書紀年年未盡，魏哀而止，正與漢書全代對照，或譌不爲下失之。

二　體（史通）　劉知幾

三五之代，書有典墳，悠哉邈矣，不可得而詳。自唐虞以下迄於周是爲古文尚書。然世猶淳質，文從簡略，求諸備體，固以闕如。既而丘明傳春秋，子長著史記，載筆之體，於斯備矣。後來繼作，相與因循，假有改張，變其名目，區域有限，孰能踰此。蓋荀悅張璠，[1]丘明之黨也，班固華嶠，[2]子長之流也。惟此二家，各相矜尙，必辨其利害，可得而言之。夫春秋者，繫日月而爲次，列時歲以相續，中國外夷，同年共世，莫不備載其事，形於目前，理盡一言，語無重出，此其所以爲長也。至於賢士貞女，高才儁德，事當衝要者，盱衡而備言，跡在沈冥者，不枉道而詳說。如[3]絳縣之老，[4]杞梁之妻，[5]或以酬晉卿而獲記，或以對齊君而見錄，其有賢如柳惠，仁若顏回，終不得彰其名氏，[6]顯其言行。故論其細也，則纖芥無遺，語其粗也，則丘山是棄，此其所以爲短也。史記者，紀以包舉大端，傳以委曲細事，表以譜列年爵，志以總括遺漏，逮於天文地理，國典朝章，顯隱必該，洪纖靡失，此其所以爲長也。若乃同爲一事，分在數篇，斷續相離，前後屢出，於高紀則云語在項傳，於項傳則云事具高紀；又編次同類，不求年月，後生而擢居首帙，先輩而抑末章，遂使漢之賈誼，將楚屈原同列，[7] 魯之曹沫與燕荊軻並編，[8] 此其所以爲短也。考茲勝負，互有得失，而晉世干寶著書乃盛譽丘明而深抑子長，其義云：『能以三十卷之約，括囊二百四十年之事，靡有遺也。』尋其此說，可謂勁挺之詞乎？案春秋時事，入於左氏所書者，蓋三分得其一耳。丘明自知其略也，故爲國語以廣之。然國語之外，尙多亡逸，安得言其括囊靡遺者哉？向使丘明世爲史官，皆倣左傳也，至於前漢之嚴君平鄭子眞，[9] 後漢之郭林宗黃叔度，[10] 晁錯董生之對策，[11] 劉向谷永之上書，[12] 斯並德冠人倫，名馳海內，識洞幽顯，言窮軍國，或以身隱位卑，不預朝政，或以文煩事博，難爲次序，皆略而不書，斯則可

·国学研究法·
上海民智书局
一九三〇年版

也。必情有所惬，不加刊削，則漢氏之志傳百卷，併列於十二紀中，將恐碎瓅多蕪，闌單失力者矣。13 故班固知其若此，設紀傳以區分，使其歷然可觀，綱紀有別。荀悅猷其迂闊，又依左氏成書，翦截班史，篇才三十，歷代褒之，有喻本傳。然則班荀二體，角力爭先，欲廢其一，固亦難矣。後來作者，不出二途。故晉史有王虞，14 而副以干紀；15 宋書有徐沈，16 而分裴略，17 各有其美，並行於世。異夫令升之言，唯守一家而已。

1. 荀悅張璠見左傳家，皆編年體。

2. 華嶠（晉書華表傳）表子嶠字叔駿，元康初爲內臺中書散騎，著作門下，撰集皆典統之。初嶠以漢紀煩穢，慨然有改作之意。會爲臺郎典官制事，得徧觀秘籍，遂就其緒，爲紀典傳譜凡九十七卷，改名漢後書，文質事實，有遷固之規。

3. 絳縣老（左傳襄三十）晉悼夫人食輿人之城杞者，絳縣人或年長矣，無子，而往與食，有與疑年，使之年。曰「臣生之歲，正月甲子朔，四百有四十五甲子矣」。吏走聞之朝，師曠曰：「七十

·国学研究法·
上海民智书局
一九三〇年版

三年矣，趙孟召之而謝過焉」曰：「使吾子辱在泥途久矣，武之罪也，與之田，使爲君復陶。」

4. 杞梁妻，（左傳襄二十三）齊侯襲莒，杞殖載甲宿於莒郊，莒子親鼓之，獲杞梁。齊侯歸，遇杞梁之妻於郊，使弔之，辭曰：殖之有罪，何辱命焉？若免於罪，猶有先人之敝廬在，下妾不得與郊弔，齊侯弔諸其室。（杜注）杞梁即杞殖。

5. 柳惠不彰，（左傳僖二十六）齊孝公代我北鄙，公使展喜犒師，使受命於展禽。（杜注）柳下惠也。（按）惠見左傳，有此明文，今云不彰不顯，與顏子並說，是史通疏處。

6. 賈誼屈原，（史記）屈原賈生列傳第二十四。原，楚懷王時人，誼，漢文帝時人。

7. 曹沫荆軻，（史記）刺客列傳第二十六。沫，魯莊公時人，軻，衞人，游燕，在燕王喜時。（按）曹沫左氏穀梁並作曹劌。

8. 前漢嚴鄭（王貢龔鮑傳敘）谷口有鄭子眞，蜀有嚴君平，皆修身自保。成帝時，元舅大將軍王鳳，以禮聘子眞，子眞不詘。君平卜筮於成都，市人有邪惡非正之問，各因勢導之以善，日閱數人，得百錢，足自養，則閉肆下簾而授老子，揚雄著書稱此二人。

9後漢郭黄（郭太傳）太宇林宗，家世貧賤，遊於洛陽，見河南尹李膺，後歸鄉里，與膺同舟而濟，衆賓以爲神仙焉。舉有道不應。（黄憲傳）憲字叔度，父爲牛醫，潁川荀淑遇憲於逆旅，與語移日，既而至袁閎所，曰：「子國有顔子，寧識之乎？」閎曰：「見吾叔度耶？」太守王龔不能屈」郭林宗少過袁閎，不宿，從憲累日方還。或問之，林宗曰奉高之器，譬之汎濫，清而易挹，叔度汪汪若千頃波，澄之不清，淆之不濁，不可量也。（按）林宗此語本傳亦載，故史通二人合舉。

10晁董對策（漢書鼂錯傳）錯爲人陗直刻深，孝文時拜太子家令，號爲智囊。後詔舉賢良文學士。錯在選中，上親策之以明國體，通人事，能直言三道之要策，惟錯爲高第。（董仲舒傳）仲舒廣州人，少治春秋，孝景時爲博士，下帷講誦，三年不窺園。武帝即位，舉賢良文學，凡三問，仲舒三對，天子以爲江都相。

11向永上書（漢書楚元王傳）向字子政，本名更生，元帝初，爲宗正，外戚許史放縱，宦官弘恭石顯弄權，乃上封事諫。成帝即位，顯等服辜，更生更名向，召拜中郎，數奏封事，遷光祿大夫，時上無繼嗣，政由王氏，上封事極諫，天子召見歎息，以爲中壘校尉。（谷永傳）永字子雲，博學

·国学研究法·
上海民智书局
一九三〇年版

經書爲太常丞，數上疏言得失，後爲刺史奏事。京師時有黑龍見，天子問所欲言，永對切諫，永自知有內應，展對無所依違。

12 闌單未詳，大抵是當日方言渙散不振攝之意。盧照鄰疾文云：「草木扶疏兮若此，予獨蘭驊兮不自勝。」疑即此二字之別寫也。（集韻）驊他干切。按）今俗亦有闌闌灘灘之語。

13 王虞（晉書王隱傳）隱字處叔，父銓有著述之志，每私錄晉事及功臣行狀，未就而卒。元帝召隱爲著作郎，令撰晉史。時著作郎虞預私撰晉書，數訪於隱，所聞漸廣。（虞預傳）預字叔寧。（預藝文志，）王隱晉書八十九卷，虞預晉書五十八卷。

14 干紀即干寶晉紀，見左傳家。

15 徐沈，（書錄題解，）京書本何承天，山謙之，蘇寶生所撰，至徐爰勒爲一史。（梁書沈約傳，）約字休文，吳興人。著宋書百卷。

16 裴略，即裴子野宋略。

第四卷 史学通论
史注

史注（文史通義） 章學誠

昔夫子之作春秋也，筆削既具，復以微言大義，口授其徒。三傳之作，因得各據聞見，推闡經藴，於是春秋以明。諸子百家既著其說，亦有其徒相與守之，然後其說顯於天下。至於史事，則古人以業世其家，學者就其家以傳業。（孔子問禮必於柱下史）。[1] 蓋以域中三大，非取備於一人之手，程功於翰墨之林者也。史遷著百三十篇，（漢書爲太史公，隋志始曰史記）乃云：『藏之名山，傳之其人。』[2] 其後外孫楊惲始布其書。[3] 班固漢書，自固卒後，一時學者未能通曉，馬融乃伏閣下，從其女弟受業，然後其學始顯。[4] 夫馬班之書，今人見之悉矣，而當日傳之必以其人，受讀必有所自者。古人專門之學，必有法外傳心，筆消之功所不及，則口授其徒，而相與傳習其業，以垂永久也。遷書自裴駰爲注；[5] 固書自應邵作解。[6] 其後爲之注者

·国学研究法·
上海民智书局
一九三〇年版

猶若干家，則皆闡其家學者也。魏晉以來著作紛紛，前無師承，後無從學。且其爲文也，體既濫漫，絕無古人筆消謹嚴之義；旨復淺近，亦無古人隱微難喻之故，自可隨其詣力孤行於世耳。至於史籍之掌，代有其人。而古學失傳，史存具體，惟於文誥案牘之類，次月日記注之先後，不勝擾擾，而文亦繁蕪複沓，盡失遷固之舊也。是豈盡作者才力之不逮，抑史無注例，其勢不得不日趨於繁富也。古人一書而傳者數家，後代數人而共成一書。夫傳者廣則簡盡微顯之法存，作者多則牴牾複沓之弊出。循而日忘其源，古學如何得復，而史策何從得簡乎？是以唐書倍漢，宋史倍唐，檢閱者不勝其勞，傳習之業安得不亡？夫同聞而異述者，見崎而分道也；源正而流別者，歷久而失眞也。九師之易，[7] 四氏之詩，[8] 師儒林立，傳授已不勝其紛紛。士生三古而後，能自得於古人，勒成一家之作，方且徬徨乎兩間，孤立無徒，而欲抱此區區之學，待發揮於子長之外孫，孟堅之女弟，必不得之數也。太史自敘之作，其自注之權輿乎？明述作之本旨，見去取之從來，已似恐後人不知其所云而特筆以標之。所謂不離古文，乃考信六藝云云者，皆百三十篇之宗旨，或殿卷末，或冠篇端，未嘗不反復自明也。班書年表十篇與地理藝文二志皆自注，則又大綱細目之規矩也。其陳范二史，尚有松之章懷爲之注。[9] 至席惠明注秦記，[10] 劉孝標注世說新語，[11] 則雜史支流，猶有子注，是六朝史學家法未亡之一驗也。自後史權既散，紀傳浩繁，惟徐氏五代史注，[12] 亦已簡略，尚存餼羊於一綫。而唐宋諸家，則茫乎其不知涯涘焉。宋范沖修神宗實錄，[13] 別爲考異五卷，以發明其義，是知後無可代之人而自爲之解，當與通鑑舉要考異之屬同爲近代之良法也。劉氏史通畫補注之例爲三條，[41] 其所謂小書人物之三輔決錄、華陽士女，與所謂史臣自刊之洛陽伽藍、關東風俗者，雖名爲二品，實則一例，皆近世議史諸家之不亟復者也。惟所謂思廣異聞之松之三國、劉昭後漢一條，則史家之舊法，與索隱正義之流大同而小異者也。夫文史

·国学研究法·
上海民智书局
一九三〇年版

之籍，日以繁滋，一編刋定，則徵材所取之書，不數十年，嘗失亡其十之五六，宋元修史之成規可覆按焉。使自注之例得行，則因援引所及而得存先世藏書之大槩，因以校正藝文著錄之得失，是亦史法之一助也。且人心日瀉，風氣日變，缺文之義不聞，而附會之習且愈出而愈工焉。在官修書，惟冀塞責；私門著述，苟飾浮名，或剽竊成書，或因陋就簡。使其術稍黠，皆可愚一時之耳目，而著述之道益衰。誠得自注以標所去取，則聞見之廣狹，功力之疎密，心術之誠僞，灼然可見於開卷之頃，而風氣可以漸復於質古，是又爲益之尤大者也。然則考之往代家法既如彼，揆之後世繁重又如此，夫翰墨省於前而功效多於舊，孰有加於自注也哉？

1. 孔子問禮於老聃。老聃爲周柱下史也。
2. 司馬遷報任安書：「僕誠已著此書，藏之名山，傳之其人，通都大邑；則僕償前辱之責，雖萬被戮，豈有悔哉？」

3. 漢書司馬遷傳：「遷既死，後其書稍出。宣帝時，遷外孫平通侯楊惲祖述其書，遂宣布焉。」

4. 後漢書列女傳「扶風曹世叔妻者，同郡班彪之女也，名昭，字惠班，一名姬。兄固著漢書，其八表及天文志，未及竟而卒。和帝詔就東觀藏書閣，踵而成之。……時漢書初出，多未能通者，同郡馬融伏於閣下，從昭受讀。後又詔融兄續繼昭成之。」

5. 宋書裴駰：字龍駒，河東聞喜人。仕中郎外兵曹參軍。注史記。

6. 後漢書應劭：字仲瑗，汝南南頓人。歷官泰山太守。注漢書。

7. 漢書藝文志六藝略易部：「淮南道訓二篇。」注：「淮南王安聘明易者九人，號九師易。」

8. 四氏之詩謂詩齊魯詩，韓詩及毛詩也。

9. 范曄後漢書有唐章懷太子賢爲之注，陳壽三國志有南朝宋裴松之爲之注。

10 史記六國表：「太史公讀秦記。……秦既得意，燒天下詩書，諸侯史記尤甚。……獨有秦記，又不載日月，其文略不具。」

11 梁劉峻，字孝標，注劉慶義世說新語。

·国学研究法·
上海民智书局
一九三〇年版

12 新五代史宋歐陽修撰，徐無黨注。

13 范沖字元長，宋華陽人。紹聖進士，歷兩淮轉運使。紹興中詔修神宗哲宗兩朝實錄。

14 史通卷五補注篇？「如韓戴服鄭，鑽仰六經；裴李應晉，訓解三史；開導後學，發明先義；古今傳授，是曰儒宗。既而史傳小書人物雜記，若趙岐之三輔決錄，陳壽之季漢輔臣，周處之陽羨土風，常璩之華陽士女，文言美辭，列於章句；委曲敘事，存於細書；此之注釋，異夫儒士者矣。次有好事之子，思廣異聞，而才短力微，不能自達；庶憑驥尾，千里絕羣；遂乃掇衆史之異辭，補前書之所闕；若裴松之三國志，陸澄劉昭兩漢書，劉彤晉紀，劉孝標世說之類是也。亦有躬爲史臣，手自刊削，雖志存該博，而才闕倫敘；除煩則意有所悋，畢載則言有所妨；遂乃定彼榛楛，列爲子注；若蕭大圜淮海亂離志，羊衒之洛陽伽藍記，宋孝王關東風俗傳，王劭齊志之類是也。」

正史之史料 （學衡雜誌） 柳翼謀

今之治史學者。罔不以考證史料爲要務。蓋史料徵實，始可從事編纂。然不知史料所自來，僅憑本文以意之，亦不能明其眞若僞也。此審查史料之來源，爲尤足重也。來源正確，則史料不煩考而信矣。正史者，今人咸目爲史料；故先討其源焉。其名史於隋書經籍志。[1] 史通敍正史兼尙書春秋。隋志則以史記爲始。自史記迄明史並新元史[2] 凡二十五種，皆隸於正史。茲先考其前之史料。次及正史之來源。

（一）正史前之史料　正史以前之史料，大半爲官書；正史亦據之。周代地方有州史閭史。政府有太史小史內史外史御史女史諸職。其五官所屬之史不下千餘人。可不謂多與！記曰：『左史記言。右史記事。』此則專於天子者也。春秋卽據諸書而成。孔子命弟子求百二十國寶書，其原文多佚。莊七年經云：『星。如雨。』公羊傳曰：『不修春秋曰：「雨星不及地尺而復」。』此其遺文之僅見者。孔子曰：『吾猶及史之闕文也。』故信以傳信。疑以傳疑。如夏五[3] 郭公[4] 之類，不妄有所增損。此吾國史家之美德。今人讀古史，動輒懷疑，以爲此爲某某作僞，此爲某某增竄。

·国学研究法·
上海民智书局
一九三〇年版

讆然以求眞號於衆。不知古人以信爲鵠，初未嘗造作語言以欺後世。若謂今人始善考史，昔之人皆逞肊妄作，則由未讀古書，不詳考其來歷耳。

(二)一家所撰史書之史料　正史有一家撰者，有衆手修者。其取材之源不一。撮其大要，不外見聞二種。衆手合修之史，僅及所見，一家之書，則可並書所聞。此二者不同之點也。史記前後漢書三國志宋書南北史五代史均一家言。後漢書三國志而外，皆有敍述其材料之所自。史記言之尤詳，蓋其所聞亦有二種：有聞之一人者。如下列數例是也：

項羽本紀：『吾聞之周生。』(孔文祥曰：周生，漢之儒者。)

趙世家：『吾聞馮王孫曰：「趙王遷，其母，倡也。」』

衞將軍傳：『蘇建語余曰：「吾嘗責大將軍。」』

樊噲滕灌列傳：『余與他廣通，爲言：「高祖功臣之興時若此」云』

陸賈傳：『至平原君子與余善，是以得具論之。』

有聞之多人者：

魏世家：『吾適故大梁之墟。墟中人曰：「秦之破梁，引河溝而過大梁，三月城壞。」』

蘇秦列傳：『世言蘇秦多異，異時事有類之者，皆附之蘇秦。』

樗里子甘茂甘羅列傳：『秦人諺曰：「力則任鄙，智則樗里。」』

孟嘗君列傳：『……問其故？曰：「孟嘗招致天下任俠姦人入薛中，蓋六萬餘家。」』

刺客列傳：『始公孫季功董生與夏無且游，具知其事，為余道之如是。』

淮陰侯列傳：『吾如淮陰，淮陰人為余言。』

或指名或否。其見可區為四：有見之書者，包羅最富。或為前世之書：

·国学研究法·
上海民智书局
一九三〇年版

太史公自序：『天下遺聞古事，靡不畢集太史公。太史公仍父子相續纂其職。』

又『厥協六經異傳，整齊百家雜說。』

五帝本紀：『然尙書獨載堯以來，而百家言黃帝，其文不雅馴；薦紳先生難言之。孔子所傳宰予問五帝德及帝繫姓，儒者或不傳。』

夏本紀：『學者多傳夏小正云。』

殷本紀：『自成湯以來采於書詩。』

秦始皇本紀：『述六石刻辭。』（及賈生過秦論。）

三代世表：『余讀諜記，黃帝以來皆有年數。以五帝繫諜尙書集世紀黃帝以來迄共和爲世表。』

十二諸侯年表：『太史公讀春秋歷譜諜左氏春秋鐸氏微虞氏春秋呂氏

春秋。」

六國表：『秦紀不載日月，因秦紀踵春秋之後。」

秦楚之際月表：『太史公讀秦楚之際。」

樂書：『太史公曰：「余讀虞書。」」

歷書：『歷術甲子篇。」

天官書『昔之傳天數者：高辛以前重黎。於唐虞羲和。有夏昆吾。殷商巫咸。周室史佚萇弘。於宋子韋。鄭則裨竈。在齊甘公。楚唐昧。趙尹皋。魏石申。」

吳太伯世家：『余讀春秋古文，乃知中國之虞與荊蠻句吳兄弟也。」

衞康叔世家：『余讀世家言。」

孔子世家：『余讀孔氏書，想見其爲人。」

伯夷列傳：『其傳曰：「伯夷叔齊，孤竹君之二子也。」」（索隱：其傳蓋韓詩外傳。呂氏春秋也）。

管晏列傳：「吾讀管氏牧民山高乘馬輕重九府及晏氏春秋。詳哉其言之也！」

司馬穰苴傳：「余讀司馬兵法，閎廓深遠；雖三代征伐，未能竟其義！如其文也，亦少褒矣！世既多司馬兵法，以故不論。」

孫武吳起列傳：「世俗所稱道師旅，皆道孫子十三篇，吳起兵法；世多有，故弗論。論其行事所施設者。」

仲尼弟子列傳：「論言弟子籍出孔氏古文近是。」

商君鞅列傳：「余嘗讀商君開塞耕戰書，與其人行事相類。」

孟子荀卿列傳：「余讀孟子書，至梁惠王問何以利吾國。」「自如孟子至於吁子。世多有其書，故不論其傳云，」

·国学研究法·
上海民智书局
一九三〇年版

平原君虞卿傳：『虞卿非窮愁不能著書以自見於後世。』

屈原賈生列傳：『余讀離騷天問招魂哀郢，悲其志。』

大宛列傳：『禹本紀言河出崑崙。言九州山川。尙書近之矣。至禹本紀山海經所有怪物，余不敢言之也。』

漢書司馬遷傳：『據左氏國語，采世本戰國策，述楚漢春秋，接其後事迄於大漢。』或爲當代之書：

太史公自序：『遷爲太史令，紬石室金匱之書。』（索隱：石室金匱皆國家藏書之處，不盡並世之書。）

惠景間侯者年表：『太史公讀列封。』

建元以來王子侯者年表：『制詔御史諸侯王，或欲推私恩分子弟邑者，令各條上。朕且監定號名。』

·国学研究法·
上海民智书局
一九三〇年版

三王世家：『載霍去病疏及三王策。』

田儋傳：『蒯通者，善爲長短説，語戰國之權變爲八十一首。』

陸賈傳：『余讀陸生新語書十二篇，固當時之辯士！』

儒林傳：『余讀功令，至於廣厲學官之路，未嘗不廢書而歎也！』

或爲天下計書：

漢書司馬遷傳注如淳曰：『漢儀注：「太史公，武帝置，位在丞相上。天下計書，先上太史公，副上丞相，序事如古春秋。遷死後，宣帝以其官爲令，行太史公文書而已。」』

可知史公能羅列千百年之行事，及成河渠平準貨殖等傳者，實博覽之功。後世斷代爲史，多取材當代官書；然下至野説史部，亦未嘗不甄採也。歐陽修得五代時小説一篇，載王凝妻李氏事；雜傳以成。[5] 可以知其所采之廣已。

有見其地者：史公生龍門，耕牧河山之陽；南遊江淮，上會稽，探禹穴，闚九疑，浮於沅湘；北涉汶泗，講業齊魯之都，鄉射鄒嶧，戹困鄱薛彭城，過梁楚，復西征巴蜀以南；北抵北地，履躡周中國，往往詢故老，訪求遺聞佚事，流風餘韻，入之於編。今猶可考也。

齊太公世家：『吾適齊，自泰山屬之琅邪；北被於海，膏壤二千里。其民闊達多匿，知其天性也。』

魏世家：『吾適故大梁之墟。墟中人曰：……』（見前）

孔子世家：『適魯，觀仲尼廟堂車服禮器。』

伯夷列傳：『余登箕山，其上蓋有許由冢云。』

孟嘗君傳：『吾嘗過薛。其俗閭里率多暴桀子弟，與鄒魯殊。問其故？曰：「孟嘗君招致天下任俠姦人入薛中蓋六萬餘家。」』

·国学研究法·
上海民智书局
一九三〇年版

魏公子列傳：『吾過大梁之墟，求問其所謂夷門。』

春申君傳：『吾過楚觀春申君故城宮室，盛矣哉！』

屈原賈生列傳：『適長沙觀屈原所自沈淵。』

蒙恬傳：『吾適北地，自直道歸，行觀蒙恬所爲秦築長城亭障。』

淮陰侯傳：『余如淮陰，淮陰人爲余言。』

樊酈滕灌列傳：『吾適豐沛，問其遺老；觀故蕭曹樊噲滕公之冢及其素異哉所聞！』

龜策傳：『余至江南，觀其行事，問其長老。』

有見其人者：

李將軍列傳：『余睹李將軍悛悛如鄙人，口不能道辭。』

游俠列傳：『吾見郭解狀貌不及中人，言語不足采者。』

或未見而得之圖像：

留侯世家：『至見其圖，狀貌如婦人好女。』

故描摹曲盡其致，使後之讀者悠然想其風采，豈無故也！可不奉爲圭臬與！

有見其事者：漢建封禪，塞宣房，征西南夷，史公皆得親從事，言之尤詳盡覈實，有以也！

封禪書：『余從巡祭天地諸神名山川，而封禪焉。入壽宮侍祠神語，究觀方士祠官之意，於是退而論之。』

河渠書：『余南登廬山，觀禹疏九江，遂至於會稽太湟，上姑蘇，望五湖；東闚洛汭，大伾；迎河行淮泗濟漯洛渠；西瞻蜀之岷山及離碓；北自龍門至於朔方；曰：「甚哉！水之利害也！」余從負薪塞宣房，悲瓠子之詩而作河渠書。』

韓長孺列傳：『余與壺遂定律歷，觀韓長孺之義，壺遂之深中隱厚，世之言

·国学研究法·
上海民智书局
一九三〇年版

梁多長者不虛哉』

史公得之見與聞概如此。劉向楊雄號博極羣書，皆爲許實錄。古人之崇尙覈實，有非後世所能夢想者已！今人固未嘗親履史公所至之地，編繙史公所讀之書，又未睹劉向楊雄所校刋諷誦者，徒就一二遺編，毛舉細故，斥史公之不經，或他人之作僞；豈不寃哉！班書述取材之源，不及遷史之詳，觀其敍傳及他篇所錄，亦可見一二：

漢書敍傳：『況生三子：伯，斿，穉。斿博學有俊材，與劉向校秘書。每奏事，斿以選受詔進讀羣書。上器其能，賜以秘書之副。時書不布。自東平思王以叔父求太史公諸子書。大將軍白不許。穉生彪。彪與從兄嗣共遊學；家有賜書，內足於財。好古之士自遠方至。父黨楊子雲以下，莫不造門。固永平中爲郎，典校秘書，專篤志於博學，以著述爲業；探纂前記，綴輯所聞，以述漢書。綜其行事，旁貫五經，上下洽通；窮人理，該萬方，緯六經，綴道綱，總百氏，贊篇章，函雅故，通古今，正文字，惟學林。

』

律歷志序：『義和劉歆等典領條奏，言之最詳；故删其僞辭，取正義著於篇。司徒掾班彪曰：「考觀諸儒之議，劉歆博而篤矣！」』

班氏閱書既博，前世器物，亦有親見之者。

孝宣贊：『至於技巧工匠器械，自元成間鮮能及之！』

設未嘗卽目，安能爲此言乎？皇室外戚間事，聞之尤悉。

孝元贊：（班彪撰）『臣外祖兄弟爲元帝侍中，語臣曰：「元帝多材藝云云。」』

（應劭曰：外祖金敞也。）

成紀贊：『臣之姑充後宮爲婕妤。父子昆弟侍帷幄，數爲臣言云云。』

其放怪誕而尚翔實，猶夫史公之指也。

東方朔傳贊：『劉向言少時數問長老賢人通於事及朔時者皆曰：「……朔之詼諧，逢占射覆，其事浮淺，行於衆庶。兒童牧豎，莫不炫燿。而後世好事者因取奇言怪語附著之朔，」故詳錄焉。』

西域傳敍：『自宣元後，單于稱藩臣；西域服從；其土地山川王侯戶數道里遠近，翔實矣！』

其後李延壽之作南北史，蓋承其父大師之學而益廣之也。大師嘗以宋齊梁陳周隋南北分隔，各以其本國周悉，略於別國；且往往失實；欲改正之。兄恭仁家富書籍，乃恣意披覽宋齊魏梁四代之書，頗有編輯；未竣而卒。延壽初在中書，既以家有舊本，且欲追終兄志。其齊梁陳五代舊事所未見，因編纂之暇抄錄之。及敕修晉書，復得勘究宋齊魏未得之事，褚遂良之修晉書十志，延壽亦被召，因遍得披尋。凡魏齊周隋宋齊梁陳正史，並手自寫；外更勘雜史，於正史所無者一千餘卷，刪其煩以編

·国学研究法·
上海民智书局
一九三〇年版

入。此皆延壽所資之史料也。

歐陽修五代史亦時書其見聞。以上皆一家史書所取之資料也。

新五代史職方考：『唐之封疆遠矣！前史備載，而羈縻寄治虛名之州在其間。五代亂世文字不完，而時有廢省。又或陷於夷狄，不可考究其詳，其可見者具之如譜。』

又十國世家：『行密之書，稱行密爲人云云。』

又唐明宗本紀：『余聞長老爲予言。』

又唐臣傳：『嗚呼！官失其職久矣！予讀梁宣底，見敬翔李振爲崇政院使。』

又死節傳：『今周世宗實錄載劉仁贍降書，蓋其副使孫羽等所爲也。考其制書，乃知仁贍非降者也！』

(三)衆手所修史書之史料　衆手所修之史，其取材之法，徵諸官制，可以知

·国学研究法·
上海民智书局
一九三〇年版

已。一曰起居注與著作之所記。漢武帝有禁中起居，後漢馬皇后撰明帝起居注，爲起居之始。然尙屬內官。漢獻以後，變爲外官！隋書經籍志載漢獻帝起居注五卷。蓋其所記已廣於前。以至於宋，其域益廣。迄明清而不廢。惟時有輕重耳。掌之者立帝座之後，定時日以報；勢不敢僞。史官據以選述，亦莫由僞也！

文獻通考職官考：『凡宣徽，客省，四方館閤門，御前忠佐，引見司制置，進貢，辭謝，游幸，宴會，賜賚，恩澤之事，五日一報，翰林麻制，德音，詔書，敕榜，該沿革制置者，門下中書省封册，告命，進奏院四方官吏風俗美惡之奏，禮賓院諸蕃職貢宴勞賜賚之事，並十日一報。吏部文官除拜選調沿革，兵部武臣除授，司封封建，考功謚議行狀，戶部土貢旌表，州縣廢置，刑部法令沿革，禮部奏賀祥瑞貢舉品式，祠部祭祀晝日，道釋條制，太常雅樂沿革，禮院禮儀制撰，司天風雲氣候，祥異證驗，宗正皇屬封建出降宗廟祭享制度，並月終而報。鹽鐵金穀增耗度支經費出納，戶部版圖升降，咸歲終而報。每季諜集以送史館。是歲令審刑院奏覆，有所論旨可垂戒者，並錄送院。」

著作設自六朝，掌綴國錄。又有大著作，初之任，必諜名臣傳以獻。所以見其敘述之才也；其職與起居注分。要其所記足供史料一也。

一曰時政記。唐長壽中，史官姚璹奏請撰時政記。新唐書藝文志載璹時政記二十卷。元置時政科，一文學掾掌之，以事付史館。及一帝崩，則國史院據所付修實錄。

一曰實錄。亦史官所記。唐玄宗一朝實錄之多，至二千六百餘卷；他可想已

一曰日歷。唐元和中，韋執誼奏史官諜錄；其法，以事繫日，以日繫月，以月繫時，以時繫年，至爲精密。宋代日歷之修，必諸司關白；如詔誥政令，則三省必錄；兵機邊事，樞庭必報；百官之拜罷，刑罰之與奪，台諫之論列，給舍之繳駁，經筵之論答，臣僚

之轉對，侍從之直前；故事，中外之囊封匭奏，下至錢穀兵甲，獄訟造作，凡有關政體者，必隨日以錄。又慮其出於吏牘，未免譌謬；或一日之差，則後難考定；一事之失，則後難增補；此歐陽子所以慮日歷或至遺失，奏請歲終監修宰相點檢修政官日所錄事；有隳官失職者罰之。其於日歷愼重如此。日歷不至遺失，則後日會要之修取於此；他年實錄之修取於此；百年之後，紀志列傳取於此。此宋氏之史所以爲精確也。元不置日歷。天歷間，詔修經世大典。明初纂修之士，實錄而外，據之以成元史者也。語在曝書亭集徐一夔傳。

總之史之修於衆手者，必取材於起居注，時政記，實錄，日歷數者。（外此則有官私之行狀，如柳宗元柳公行狀上之尙書考功，及段太尉逸事狀上之史館之類。）今欲考證史料，舍數者而外，其道莫由。京師圖書館尙存宋太宗實錄八卷；（本八十卷。）明十一朝實錄二百三十一冊。予嘗欲取明史帝紀比而觀之，庶有以見

·国学研究法·
上海民智书局
一九三〇年版

其去取之意及其疏密所在。前人之考史者，多只就本史孳索。若趙雲崧之二十二史劄記，王鳴盛之十七史商確，胥是法也。亦有就二史對照者，皆非探源之法。例如明國子監事，太祖本紀及選舉志如宋史金史所載之事有詳有略，則以二書互勘言之均極略。而清國子監志記采明太祖實錄，則詳於明史。若不旁收遠采，安能知其缺略乎？日歷實錄等外足資史家者尙衆。宋祁錄韓柳文入之唐書，元史取元典章。柯劭忞著高麗傳，卽采於經世大典高麗記事。若此類不可勝數，要之史書無一事無來歷。其小有出入，乃一時之疏，非故意以誤後人，不得執一以疑其百也。今不務考其本源，而憑空言出私見，冀以補其遺而正其譌，吾不知其可也。

1. 正史謂國史所撰傳記體之史，所以別於編年雜史等體也，史記漢書等廿四史皆是。隋書經籍志：「自是世有著述，皆擬班馬，以爲正史，作者尤廣，一代之史至數十家。」

2. 新元史，近人膠州柯劭忞鳳孫撰。

·国学研究法·
上海民智书局
一九三〇年版

3. 夏五，春秋之闕文也。桓公十四年書「夏五」，而闕其月。公羊傳：「無聞焉耳。」穀梁傳：「傳疑也。」胡傳：「疑而不益，聖人之愼也。故其自言曰：吾猶及史之闕文也。」

4. 春秋經闕文有「郭公」，公羊穀梁以上文云「赤歸於曹」，遂謂郭公名赤，失國而歸於曹。宋劉敞孫覺均謂「郭公」乃「郭亡」之誤。

5. 王凝傳見新唐書卷一百四十三。

6, 東漢圖書，悉在東觀，令學士入直，撰述國史，謂之「著作」。至魏，乃定爲官員，屬中書。晉別置作省，稱著作郎爲「大著作」，專掌國史。

中華民國十九年一月初版

國學研究法（全一冊）

每冊定價大洋七角
外埠酌加郵費匯費

編者 洪北平

印刷者 民智印刷所 上海塘山路三十一號

發行者 民智書局 上海河南路九十九十一號

分發行處 民智書局 廣州 漢口 武昌 長沙 南京 北平

代售處 海內外各大書坊

總發行所 民智書局 上海河南路中市 九十至九十一號

發（一六九九）

·国学研究法·

上海民智书局
一九三〇年版

图书在版编目（CIP）数据

国学概论选粹.1,国学研究法/杜泽逊主编. —青岛：青岛出版社，2023.1
ISBN 978-7-5736-0613-6

Ⅰ. ①国… Ⅱ. ①杜… Ⅲ. ①国学—概论 Ⅳ. ①Z126

中国版本图书馆CIP数据核字（2022）第237260号

GUOXUE GAILUN XUANCUI
书　　名　国学概论选粹
主　　编　杜泽逊
出版发行　青岛出版社
社　　址　青岛市崂山区海尔路182号（266061）
本社网址　http://www.qdpub.com
邮购电话　0532-68068091
策划编辑　刘　咏
责任编辑　吴清波　梁　娜
特约校对　朱子菡　李康康
封面设计　李开洋
装帧设计　青岛齐合传媒有限公司
印　　刷　青岛名扬数码印刷有限责任公司
出版日期　2023年1月第1版　2023年1月第1次印刷
开　　本　16开（889 mm × 1194 mm）
印　　张　150.75
字　　数　2000千
印　　数　1—3000
书　　号　ISBN 978-7-5736-0613-6
定　　价　698.00元（全六册）